精准扶贫精准脱贫百村调研丛书

CASE STUDIES OF TARGETED POVERTY REDUCTION AND
ALLEVIATION IN 100 VILLAGES

李培林／主编

精准扶贫精准脱贫
百村调研·新龙村卷

喀斯特生态与发展风险治理

杨欣萌　沈　红／著

社会科学文献出版社

SOCIAL SCIENCES ACADEMIC PRESS (CHINA)

中国社会科学院国情调研特大项目
"精准扶贫精准脱贫百村调研"
项目协调办公室

主　任：王子豪
成　员：檀学文　刁鹏飞　闫　珺　田　甜　曲海燕

总　序

　　调查研究是党的优良传统和作风。在党中央领导下，中国社会科学院一贯秉持理论联系实际的学风，并具有开展国情调研的深厚传统。1988年，中国社会科学院与全国社会科学界一起开展了百县市经济社会调查，并被列为"七五"和"八五"国家哲学社会科学重点课题，出版了《中国国情丛书——百县市经济社会调查》。1998年，国情调研视野从中观走向微观，由国家社科基金批准百村经济社会调查"九五"重点项目，出版了《中国国情丛书——百村经济社会调查》。2006年，中国社会科学院全面启动国情调研工作，先后组织实施了1000余项国情调研项目，与地方合作设立院级国情调研基地12个、所级国情调研基地59个。国情调研很好地践行了理论联系实际、实践是检验真理的唯一标准的马克思主义认识论和学风，为发挥中国社会科学院思想库和智囊团作用做出了重要贡献。

　　党的十八大以来，在全面建成小康社会目标指引下，中央提出了到2020年实现我国现行标准下农村贫困人口脱贫、贫困县全部"摘帽"、解决区域性整体贫困的脱贫攻坚目标。中国的减贫成就举世瞩目，如此宏大的脱贫目标世所罕见。到 2020 年实现全面精准脱贫是党的十九大提出的三大攻坚战之一，是重大的社会目标和政治任务，中国的贫困地区在此期间也将发生翻天覆地的变化，而变化的过程注定不会一帆风顺或云淡风轻。记录这个伟大的过程，总结解决这个世界性难题的经验，为完成这个攻坚战献计献策，是社会科学工作者应有的责任担当。

2016 年，中国社会科学院根据中央做出的"打赢脱贫攻坚战"战略部署，决定设立"精准扶贫精准脱贫百村调研"国情调研特大项目，集中优势人力、物力，以精准扶贫为主题，集中两年时间，开展贫困村百村调研。"精准扶贫精准脱贫百村调研"是中国社会科学院国情调研重大工程，有统一的样本村选择标准和广泛的地域分布，有明确的调研目标和统一的调研进度安排。调研的 104 个样本村，西部、中部和东部地区的比例分别为 57%、27% 和 16%，对民族地区、边境地区、片区、深度贫困地区都有专门的考虑，有望对全国贫困村有基本的代表性，对当前中国农村贫困状况和减贫、发展状况有一个横断面式的全景展示。

在以习近平同志为核心的党中央坚强领导下，党的十八大以来的中国特色社会主义实践引导中国进入中国特色社会主义新时代，我国经济社会格局正在发生深刻变化，脱贫攻坚行动顺利推进，每年实现贫困人口脱贫 1000 多万人，贫困人口从 2012 年的 9899 万人减少到 2017 年的 3046 万人，在较短时间内实现了贫困村面貌的巨大改观。中国社会科学院组建了一百支调研团队，动员了不少于500名科研人员的调研队伍，付出了不少于3000个工作日，用脚步、笔尖和镜头记录了百余个贫困村在近年来发生的巨大变化。

根据规划，每个贫困村子课题组不仅要为总课题组提供数据，还要撰写和出版村庄调研报告，这就是呈现在读者面前的"精准扶贫精准脱贫百村调研丛书"。为了达到了解国情的基本目的，总课题组拟定了调研提纲和问卷，要求各村调研都要执行基本的"规定动作"和因村而异的"自选动作"，了解和写出每个村的特色，写出脱贫路上的风采以及荆棘！对每部报告我们都组织了专家评审，由作者根据修改意见进行修改，直到达到出版要求。我们希望，这套丛书的出版能为脱贫攻坚大业写下浓重的一笔。

中共十九大的胜利召开，确立习近平新时代中国特色社会主义思想作为各项工作的指导思想，宣告中国特色社会主义进入新时代，中央做出了社会主要矛盾转化的重大判断。从现在起到2020年，既是全面建成小康社会的决胜期，也是迈向第二个百年奋斗目标的历史交会期。在此期间，国家强调坚决打好防范化解重大风险、精准脱贫、污染防治三大攻坚战。2018年春节前夕，习近平总书记到深度贫困的四川凉山地区考察，就打好精准脱贫攻坚战提出八条要求，并通过脱贫攻坚三年行动计划加以推进。与此同时，为应对我国乡村发展不平衡不充分尤其突出的问题，国家适时启动了乡村振兴战略，要求到2020年乡村振兴取得重要进展，做好实施乡村振兴战略与打好精准脱贫攻坚战的有机衔接。通过调研，我们也发现，很多地方已经在实际工作中将脱贫攻坚与美丽乡村建设、城乡发展一体化结合在一起开展。可以预见，贫困地区的脱贫攻坚将不再只局限于贫困户脱贫，我们有充分的信心从贫困村发展看到乡村振兴的曙光和未来。

是为序！

全国人民代表大会社会建设委员会副主任委员

中国社会科学院副院长、学部委员

2018 年 10 月

前　言

　　"泥巴墙，茅草房，支口锅，铺张床""灼圃狗街子，荞麦洋芋过日子。要吃苞谷饭，除非坐月子，想吃白米饭，除非二辈子。"这段流传于威宁山村的顺口溜，真实地表达了课题组对新龙村贫困生活的最初印象。2009年，沈老师第一次来到新龙村时，眼前是破旧的小学校舍，采光昏暗，周围是简陋低矮的房屋，村内道路泥泞难行，村外山路颠簸危险。2014年，课题组小杨博士、小李博士第一次进入新龙村时，拓宽的乡村道路正在铺设，新的教学楼里书声琅琅，暑期孩子们在学习苗文，家长们在明亮的教室窗外快乐地张望。2017年我们再访新龙村时，触目所及村庄道路、农舍庭院、小学校、卫生室都焕然一新。这本书就是要记录这样一个贫困村的发展故事。

　　新龙村是国家级贫困县威宁彝族回族苗族自治县最偏远的村庄，远离县城154公里，它所属的乡是贵州省极贫乡之一；它所在县被国务院扶贫办列为喀斯特综合扶贫试点县，也是贵州省比较独特的三个民族自治县之一；它所在市是毕节开发扶贫生态建设试验区。我们选择这个国家一类贫困村、饱受长期贫困之苦的少数民族村庄展开调查、解剖麻雀，以期对我国西部的贫困和扶贫历程进行深入理解。同时，课题组选择同乡的荣和村、团结村、年丰村作为比较研究的对比村，使新龙村的脱贫与发展特征更加突出。

我国政府扶贫实践经历了"八七"扶贫攻坚、集中连片特困开发，进入精准扶贫阶段，从过去的"大水漫灌"向"精准涓滴"转变。云贵高原的乌蒙山区是我国较早开展扶贫的省区，经过多年的不断探索，积累了许多宝贵的经验。威宁自治县作为少数民族贫困典型地区，其扶贫经验可以为当前全国的精准扶贫工作提供有益借鉴。

中国社会科学院国情调研特大项目《精准扶贫精准脱贫百村调研》旨在监测我国 2013 年以来的贫困与精准脱贫情况，以 104 个贫困村为案例观察、分析精准扶贫体系。此次国情调研重大项目主要通过贫困村调查表、贫困村民调查问卷来记录贫困村、贫困村民的生活状况与精准扶贫政策实施情况及村民对精准扶贫满意度情况。课题组使用田野调查、访谈来补充数据调查关照不到的原因及机理的解释。本书以乌蒙深山区新龙村为例，探讨贫困与风险、减贫与消减发展风险的相互作用关系；扶贫项目如何缓解深山区贫困程度和生活风险，又在什么情况下未能避免新的风险发生。

本书课题由中国社会科学院社会发展战略研究院沈红研究员主持，核心成员为杨欣萌博士、李春南博士，刘慧丽博士研究生，新龙村乡村教师、乡村医生、大学生协助开展了调研。杨欣萌博士撰写新龙村调查报告初稿，课题组在征求村民意见的基础上完成报告修改和书稿写作。

目 录

新龙调查：乌蒙山区一个深度贫困村的
发展记录

長期以来，新龙村是乌蒙山区的一个深度贫困村，自然环境恶劣，地质灾害频发。历史上，新龙村所在的深山区即为穷山恶水之处，难见人烟。直到清朝末年，战争难民逃到此地，得高山深谷庇护藏身以求生。改革开放之前，新龙村每年的人均纯收入常年低于国家标准线。2015年新龙村人均纯收入有了"质的飞跃"，达到3068元/年，终于能与国家贫困标准持平。2016年，新龙村为156个贫困家庭建档立卡，全村贫困人口550人，贫困发生率高达33%。新龙村因此成为当地精准扶贫的"硬骨头"。

贫困与落后是新龙村的真实写照，村民的居住条件、公共设施和社会福利无法得到保障。为了能够系统地了解新龙村的发展历程，本章从时间维度来述说新龙村的风险与贫困状况，在章末增加了对研究方法的简单介绍。

第一节　环境风险变迁与村寨地名考

新龙村界划定于 1957 年，所辖地区正式被政府命名为"新龙村"。当时，这个村所属的野依乡政府重新规划村界，征求当地居民意见，将三个相邻的自然村寨组合成为一个行政村。如图 1-1 所示，三个村寨呈等边三角形分布。村寨小地名为新塘（即后来的新龙一组、二组），龙泉（新龙三组、四组和五组）和新田（新龙六组、七组）。新塘高居山上，地势非常高，海拔 2159 米；新田和龙泉在山脚下，地势极低，海拔 100~200 米。新塘与新田、龙泉有 4℃左右的温差。

喀斯特地貌深山区居民靠山依水而居，自然分布为散居。历史上，人们为了更好地辨认地方、确认位置，依据地形和山状取了很多的小地名。同时，新龙村至今流传着一些先人

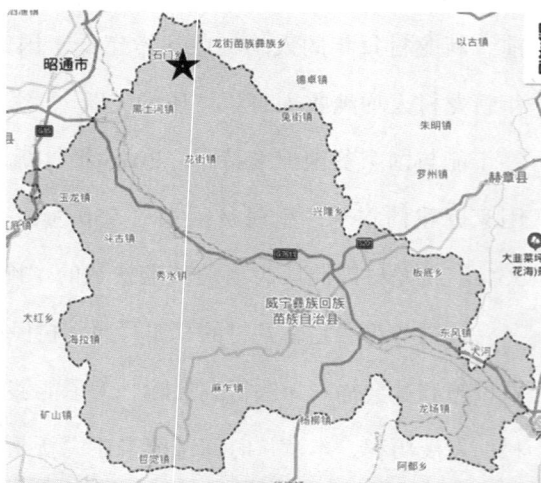

图 1-1　新龙村（★）的地理位置及自然村落分布

故事和环境变迁。这些小地名或故事在不同程度上揭示了当地恶劣的生存环境，为其社会经济发展缓慢奠定了基调。

一 新塘：人与环境从和谐到失衡

新塘曾是天然的储水池，"有三个麻窝"[1]，是方圆几十里农户重要的水源地。关于新塘，有一个美丽的传说。茂密的森林里生活着三条龙，喜欢戏水，即所谓的"水龙"。三个麻窝是水龙的栖息地。传说中，村民们对这三条龙有敬畏之心，认为连年来的风调雨顺皆因有龙镇守。于是，他们每年都带着供奉品前来举行"拜龙"活动。

相传清朝后期，大定府[2]嫁过来了一位彝族小姐，陪嫁有300多位不同民族的仆人。彝族小姐在出嫁的路上遇到了自然灾害与流寇掠夺。落难的彝族小姐一时供养不了太多的仆人，便恢复了仆人自由身份，让他们寻求自己的生活。仆人们一路讨生活，终于定居在了有水源的新塘。

如今生活在新塘的农户多为那时的迁徙三代、四代。越来越多的人口给新塘带来了很大的生态压力，水源供应压力激增。同时，随着人口不断增加，对房屋的需求也不断增加。为了修建房屋，山上的树木被砍伐殆尽。时间长了，山秃了，水资源也开始匮乏。经过几代人的开垦，如今，野依梁子没有了树木，山头变成了农田。村民中大多

---

[1] 引自村民访谈资料。
[2] 如今的地名：贵州省毕节市大方县。

数都姓张，所以这个地方又被称为"张家坪子"。

从"野依梁子"到"张家坪子"，我们可以看到这片土地利用的变迁，从原来的水源地、木材取材处转变为糊口的庄稼地。人口的不断增多，对自然资源的过度索取使天然的储水池遭到破坏。居住在麻窝里的"龙"飞走了，村民吃水也就成了问题。课题组2016年在新龙村的调查数据显示，66.7%的受访村民靠收集雨水，16.7%的受访村民食用不受保护的井水和泉水，村民们存在"吃不上水"以及饮水安全问题。"望天吃饭"的新龙村民也不得不面对因缺水或降雨量减少造成的低收成、青黄不接的风险。16.2%的受访村民在2016年都有过挨饿的情况，甚至有8.3%的受访贫困户在2016年挨饿时间超过30天以上。这证明新龙村民持续在绝对贫困中挣扎，饥饿仍然是威胁生命安全的重要影响因素。而饥饿与恶劣的自然环境以及村民不加节制地使用自然环境有关。

二 祖基：穷山恶水出青龙

祖基是青龙山、祖基山两山环抱的一片村寨聚落，祖基一带分布着三个村民小组：新龙村三组、四组和五组，小地名叫"龙泉"，村民们又称其为"祖基"。相传，300多年前清军大败明军，明军落荒逃到此地防守和躲藏。明军曾在这里抓捕野鸡在河边煮着吃，用"煮鸡"来纪念这个地方，后来音译演化成了"祖基"，意为"先辈开始生活的地方"。

祖基四周被"祖基大山"和"青龙山"包围。祖基山极其陡峭，是一道与外界分隔的天然屏障。人们无法上来下去，因此无人居住在祖基山。青龙山地势险要，如图1-2所示。

图1-2 新龙村祖基青龙山远景

祖基农居大都分布在山下地势低洼、相对平坦、接近祖基河的地方，少数分布在山上。交通是限制祖基发展最重要的因素，甚至连公路勘测和修路的必要设备都无法进入，导致修路工程迟迟不能立项。长期以来，不通路、不通车是祖基的发展瓶颈。

图1-2拍摄于2015年年初，当时还有13户村民在青龙山居住，皆为贫困户或低保户。鉴于"一方水土，养不活一方人"，乡政府建议他们考虑易地搬迁。但是，对于贫困村民来说，是否搬迁是关乎他们生计的重大决定。对于各级政府，特别是基层政府来说，易地搬迁同样是执行难度极大的一项工程。以青龙山易地搬迁为例，乡政府在2015年动员易地扶贫搬迁，2017年中完成部分搬迁。2017年11月，持续了三年之久的易地扶贫搬迁才算基本完成。

青龙山村民比政府干部都更清楚这里不宜居住，但是大多数村民依然选择留在这里，主要原因是这里还有"一亩三分地"，只要劳作就有饭吃、饿不死。搬出去有可能等同于"漂亮房子里等死"，找不到"挣钱的活路"。所以，对于村民们来说，搬出去意味着与各种未知的生存风险博弈。

三 飞姑：与世隔绝引致嫁娶失衡

新龙村村民组六组、七组聚居地，小地名是"飞姑"，之前也被称为"新田"。"新田"一带有一片地势平坦的土地，常年有积水，人们称为仙水坡，如图1-3所示。新田地势较低，土壤肥沃，当地居民以种植"烤烟"为生，相对于祖基居民，他们从土地里获得的收成比较多。但是与祖基一样，修路难度大、成本高，农民的土地收成很难进入市场，这里的居民也因农产品上行变现难而陷于贫困之中。

图1-3 新龙村飞姑仙水坡

"飞姑"的渊源也与贫困相关。这里的与世隔绝对社会生活产生了最直接的影响，表现最为明显的就是年轻人的婚姻状况。飞姑的年轻人几乎都在自然村组内部结婚。后来，便只有嫁出去的女儿，没有娶进来的媳妇。几十年来，鲜有外地的姑娘嫁进来。嫁进来的媳妇，哪怕是身患残疾，仍都被珍视为"飞来的姑娘"。

从新龙村三个自然村组的小地名可以看出其所在的喀斯特地貌恶劣的环境特征，流传着的民间故事讲述着当地人与自然关系的变迁，随着人口越来越多，人们对自然资源的过度使用造成环境的进一步恶化，对当地社会发展产生了深远的影响。

第二节　新龙村贫困特征与风险分布

追寻着当地流传的地名故事，课题组初步感受到自然环境的风险留给一个贫困村庄发展的烙印。课题组在乌蒙山区持续数年调查发现，5 年（2013~2017 年）来精准扶贫政策在边远山区取得了很多的成绩，但因山区特殊的贫困特征和独特的人文社会环境，面向全国的精准扶贫政策在贫困山村产生了一系列与其减贫愿景相悖的问题与后果。

新龙村自然环境恶劣，历史上发生过地震、滑坡、泥石流等自然灾害，曾在彝良地震、鲁甸地震中经济损失严重。脆弱的生态环境和接续的自然灾害实际上破坏了得来不易的减贫成效，导致大量返贫及新增贫困的出现。同时，恶劣的生态环境与灾害频发给人们生活及村庄发展带来极多风险。

新龙村因环境导致的贫困分布特征是怎样的，贫困特征与社会风险分布又是怎样的，这是课题组将进一步具体呈现的内容。

一　新龙村的贫困特征

新龙村全村共有 425 户，1633 人，其中建档立卡贫困户 156 户 550 人，2014 年贫困发生率 38%，2016 年贫困发生率 33%，被威宁县扶贫办认定为"一类贫困村"。就村民生活而言，温饱一直是没有完全解决的大问题。如图 1-4 所示，新龙村民的人均纯收入与国家贫困标准线持平。据课题组 2017 年进行的问卷调查，受访家庭中有 14.89% 存在因季节性缺粮而挨饿的情况。除此之外，课题组还尝试从人均纯收入及其满意度、贫困分布等方面来分析当地的贫困特征。

（一）村人均纯收入常年与国家贫困标准持平

为了更清楚地理解这个贫困村的贫困深度，我们将 2008~2016 年国家、威宁县、石门乡和新龙村的人均纯收入情况进行比较。需要说明的是，为了比较的一致性，这里的"人均纯收入"均为"农民的年人均纯收入"。全国农民人均纯收入在 2008~2016 年增长迅速，从每人每年

4761 元增长到 12363 元，是原来的 2.6 倍。威宁县人均纯收入在 2010~2015 年略高于石门乡的人均纯收入，直到 2016 年石门乡人均纯收入与威宁县持平，均只达到了全国人均纯收入的 61%。2016 年，新龙村人均纯收入是所在乡人均的 40%，是国家的 24.83%。新龙村人均纯收入常年与国家贫困标准持平，仅在 2010 年超过国家贫困标准，新龙村的贫困水平由此可见一斑，见图 1-4。

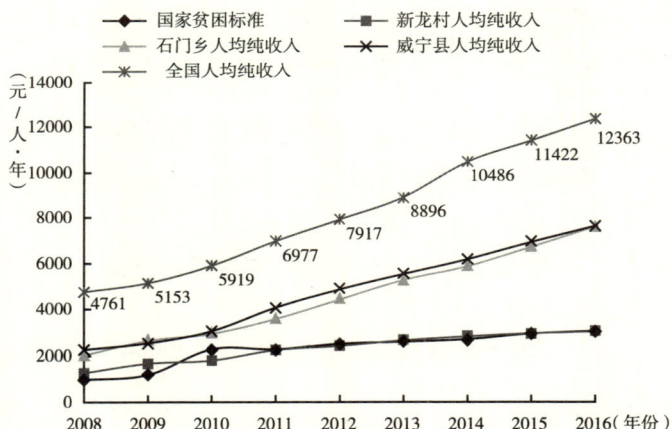

图 1-4　新龙村与石门乡、威宁县和全国人均纯收入、国家贫困标准比较

资料来源：国家统计局、《威宁县统计年鉴》（2008~2016）。

（二）受访村民的生活满意度普遍较低

2017 年，课题组在新龙村随机抽取了 95 户家庭，在村干部的热心帮助下，问卷调查应答率为 100%。调查数据显示，78.4% 的受访户对家庭收入"不太满意或很不满意"。其中 70.3% 的受访贫困户表示对当年的家庭收入并不满意，而这一比例的受访非贫困户也高达 59%，与其他村收入情况相比，也无明显优势，53.4%的受访户认为与本村其他村民生活状况"差一些或差很多"。也有一半受访户表示与亲朋好友生活"差一些或差很多"。

60.8%的受访户表示对他们的生活状况"不太满意或很不满意"，但非贫困户的目前生活满意度反而比贫困户低。与5年前相比，94.8%的受访户表示"好很多或好一些"。受访户表示他们的生活与5年前相比变得好了，60.3%认为与5年前相比，他们的生活"很好或好一些"，但也有4.1%的受访户表示比5年前差。41.9%的受访户认为未来生活状况"不好说"，这说明，他们对未来发展的不确定性仍有担忧。

（三）新龙三个自然村寨贫困差距拉大

新龙村属高原中山地貌，呈三角形分布的7个村民小组地势高低不一，落差300米。2009年以来，特别是精准扶贫之后，三个自然村寨，即飞姑、祖基、新塘之间的贫困程度差距逐步拉大，成为新龙村的主要特征。

贫困发生率最低的新塘居民共168户，贫困户35户，占比20.8%，相对来说这里交通条件好、扶贫资源充足。祖基因自然条件差、交通闭塞，直到2020年仍然没有像样儿的产业。20世纪90年代，一个社会组织进入村庄开展社区脱贫实践，取得了一定的脱贫效果。2017年祖基102户 [1]，其中37户为贫困户，占比36.3%。新龙村剩余贫困

---

[1] 2017年11月，祖基村民有部分接受易地搬迁帮扶搬出，户数与贫困户数等发生变化。

户均在飞姑，共 68 户，略低于新塘、祖基之和这也就是说，近一半的新龙村贫困人口在飞姑。但是，交通限制了精准扶贫项目的进入，是政府和社会组织扶贫的边缘地带。

3 个自然村除了贫困发生率差异较大之外，在地方政府设计的脱贫攻坚版图上的位置也存在较大差异。比如，在 2015~2017 年，新龙村获得来自中央政府和省政府等的脱贫项目资金总计 3950 万元，仅占全乡扶贫资金的 3‰。这说明，新龙村是石门乡精准扶贫的边缘村，而新龙村六、七组的产业扶贫、生态补偿、搬迁扶贫等各类扶贫项目总投入资金几乎为 0，成了精准扶贫项目和资金边缘村的"死角"。

二 生存发展风险分布

贫困村的生存发展风险类型是多样的，密集地分布在人们的日常生活里。根据课题组对新龙村的持续观察，村民的安居风险、教育风险、交通和医疗风险、生计风险等是主要的风险类型。

（一）自然灾害、地质灾害和意外事故

新龙村位于地质灾害多发地带。2012 年 9 月云南省昭通市彝良县、贵州省毕节市威宁彝族回族苗族自治县交界处发生 5.7 级地震，震源深度 14 公里。彝良地震当天，新龙村民居受灾的一张照片在各大媒体广泛传播。图片的说明文字是："在贵州省威宁县石门乡新龙村，一名男子站在

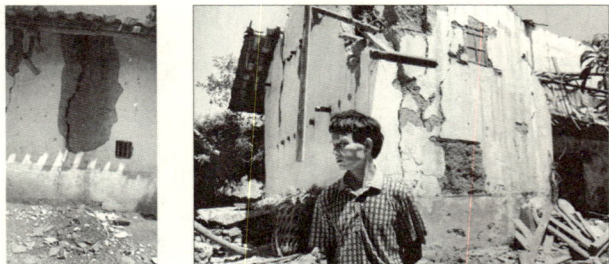

图1-5 2012年彝良地震，新华社提供的新龙村民居受灾照片

一栋因地震严重受损的房屋前。新华社图。"记者从威宁县地震局了解到，云贵乡和石门乡等地震感强烈，县城有明显震感。威宁县与云南省接壤的几个乡镇房屋受损情况严重，不少房屋倒塌和开裂。

当时，新龙村没有人员伤亡，但是村两委干部挨家挨户组织村民搬出危房，把25位老人转移到安全地带。新龙村有8户农户受灾情况严重，房屋已成危房，村民的饮用水窖有4口已不能用，村卫生室、小广场等公共建筑设施出现开裂。[1]

调查数据显示，2016年，15.2%的受访户表示自然灾害对家里的农业生产带来了危害。80.6%的受访户表示2016年没有遭遇过自然灾害。对于意外事故，受访户（95户）中只有5户遭受过，均为非贫困户。

（二）居住风险

新龙村村民的住房条件较几年前已经有了明显的改善，但仍然存在进一步改善的空间。新龙村的安居风险主

---

[1] 《让组织放心 让群众满意——威宁县城乡规划局驻村干部蒲晟参与抗震救灾侧记》，当代先锋网，2013。

要包括住房质量总体不高、房内生活设施差。受访户中，有 82.1% 住在平房里，17.9% 住在楼房里，楼房住户大多是 2016 年年底经过易地搬迁的农户。33.3% 的受访户总体住房状况一般或良好，另有 1/3 受访户住房被政府认定为危房，还有剩下的 1/3 虽然没有被认定，但实际上属于危房。总体而言，新龙村 2010 年以来茅草房改造成绩明显。调查数据显示，83.3% 的受访户住房为"砖混材料"（50.0%）和"钢筋混凝土"（33.3%），但仍然有 16.7% 的受访户住在竹草土坯中。其中，住竹草土坯的非贫困户比例（20.0%）高于贫困户（12.5%）。新龙村在 2016 年为新塘 120 户贫困村民修建住房，为每户投资 10 万元。这在很大程度上改善了贫困人口的住房质量，这与贵州省扶贫攻坚进程中对贫困户住房先行帮扶有关。

66.7% 的受访户室内最主要的取暖设施是炉子，97.3% 的受访户家中没有沐浴设施。能源使用方面，只有 2.7% 的受访户使用了新能源燃气。83.3% 的受访户没有接通互联网，获取信息的方式单一。95.8% 的受访户没有冲水马桶 / 卫生厕所，大多数受访户仍然使用传统旱厕，甚至没有厕所。这些数据说明，新龙村居民住房室内设施条件差。

住房状况差，农户日常生活对传统能源过度依赖和对新能源应用不够。但是，已有 50.0% 的受访户将电作为最主要的炊事能源，逐渐取代柴草和煤炭。农户生活垃圾大多随意丢弃（62.2%），生活污水随意排放（86.5%）。这说明贫困村距离美丽乡村建设、实现美丽清洁仍然有很长的路要走。

根据调查数据，新龙村村民当前的住房满意度较低，只有 10.7% 的受访户对当前住房状况表示"非常满意或比较满意",建档立卡贫困户与非建档立卡户住房满意度没有明显差异,分别占比 8.1% 和 7.7%。

(三)教育风险与贫困代际传递

经济贫困是造成农村教育困境的重要原因。[①] 从教育的社会功能上看,教育通过教化提升劳动力素质,提升他们走出贫困的能力,最终实现消除社会不平等和贫困。国家贫困地区义务教育工程(1986)、农村中小学布局调整(2000)、危房改造工程(2009)以及西部地区"两基"攻坚计划(1993)中的相关政策都表现出了一定的有效性。但是,农村义务教育政策的实施仍然面临许多问题。[②] 一方面,全国中小学校布局通过撤点并校调整政策,直接导致农村学生上学远、上学难问题,增加了农民的教育负

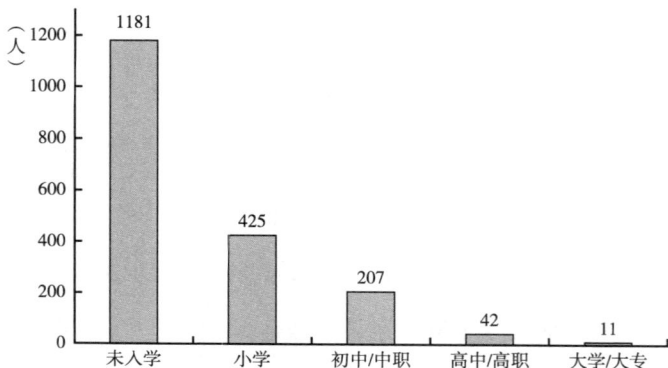

图 1-6　新龙村村民受教育程度情况

资料来源：2016 年课题组在新龙村所做的人口教育普查。

---

① 沈红:《结构与主体:激荡的文化社区石门坎》,社会科学文献出版社,2007。
② 金莲、李小军:《农村教育政策对农村贫困的影响评估》,《中国农村经济(专刊)》2007 年第 S1 期。

担。另一方面，中小学撤点并校在加快推进城镇化进程的同时损害了乡村社会发展，是空心村形成的主要原因。[①]

课题组在2016年8月对新龙村村民进行了一次受教育程度普查，如图1-6所示。除去2010年以后出生的婴幼儿170人，应（已）受教育的人口总数为1866人。其中，从未进入学校的人数为1181人，占比63%，即全村一半以上为文盲。接受小学程度教育（包括肄业）的占比22%，接受初中（中职）程度教育的占11%，接受高中（高职）教育的占2%，接受大学（大专）教育的占0.6%。贫困与上学成本过高，是阻碍新龙村受教育程度提高的重要原因。根据"精准扶贫精准脱贫"百村调查入户调查，新龙村适龄学生未上学或失学辍学的主要原因是"上学费用高，承担不起""孩子自己不想上学"。这也说明，尽管我国早已实施9年义务教育减免学费与提供营养餐，但仍然有学生因上学成本过高而上不起学。

西部贫困地区学校，尤其是像新龙村小学这样的教学点，历史上在一系列国家教育政策面前摇曳、挣扎。以国家教师政策为例，"清退教师政策"对贫困地区教育产生了极大的影响。历史上，代课教师曾是边远山区教育的脊梁，随着国家的发展，国家教育投入逐年增多，代课教师不断被退出学校之外，特岗教师逐步进入边校，成为提升贫困地区的教学质量的主力军。但是贫困地区学校有其独特之

新龙调查：乌蒙山区一个深度贫困村的发展记录

017

---

① 周洪新:《城镇化进程中农村中小学"撤点并校"的问题研究——基于山东省N县的调查分析》，山东师范大学硕士学位论文；梁彬:《空心村形成的原因分析及其影响分析》，中国社会科学院研究生院2013，硕士学位论文。

处，比如，新龙小学引进的特岗教师不会苗语，教学质量不升反降。可见，全国实施的教育惠民政策会因与地方特定需求不同而成为压垮民族地区边校的最后一根稻草。

另外，新龙村留守学童的现象较两年前已经有所好转。调查数据显示，70.6%的受访户表示适龄学生多与父母住在一起。关于入学可及性问题，新龙村17.6%的受访户表示学生在本村上学，64.7%的受访户表示学生在本乡镇上学。这与大多数学生正在就读中心校有关，乡镇所在地距离新龙村约10公里。

36.9%的受访户认为本村学校（教学点）条件"非常好或比较好"，贫困户与非贫困户就读学校条件差异不大。因新龙村村民散落，学生上学路途较远，40.7%的受访户表示其孩子住校。但是，不能忽略的问题是，仍然有40.7%的受访户表示他们家里的孩子上学路途需要1小时以上，7.4%表示需要0.5~1小时。近一半学生（48.1%）实际上都已经超出我国撤点并校政策"中小学生就读路程不超过30分钟"的范围。

课题组的调查追踪了新龙村的一场精准扶贫大变革。新龙小学同样也经历了从即将被撤掉到被村民拯救风险历程，随后又成为当地政府重点建设的婴幼儿双语教学示范点，教育扶贫资金大量进入新龙小学。由此新龙小学缺乏资金的问题得到了解决，但新龙小学又出现了新的教育风险。

（四）交通和医疗风险

交通始终是限制新龙村发展、村民便利生活的重要因素。长期以来，不通路且距县城远限制了新龙村民正常获得医疗救治和报销的权利。不通路、没有路不仅长期限制新龙村的经济发展，还限制着新龙村民社会保障与福利的获得。这也意味着，新龙村面临着交通和社会福利缺失或不够便利的双重风险。

通过调查，我们了解到新龙村民身心疾病问题较为严重，建档立卡贫困户（75.9%）比非建档立卡户所患疾病严重（66.7%）。78.6%的受访户认为他们发病时需要治疗，但其中19.6%并没去治疗，主要原因是经济困难（73.3%）。42.9%的受访户表示他们的身体状况过好"日常生活没有问题"，5.4%有"严重问题"，而受访户中的非贫困户没有此类严重问题。受访贫困户在身体疼痛和感觉焦虑或压抑方面比非建档立卡户严重，93.4%的受访贫困户表示有一点焦虑或压抑，同样情况的非贫困户占比33.3%。

除此之外，2016年，16.7%的受访户曾受工伤和交通事故。这与运动式建设有着直接关系，村民在当地就业进行家乡建设，但因岗前培训不到位，工伤事业多有发生且事后劳资双方处理不够得当。

村民们表示，如果家庭成员有急病需要医治会采用粗制担架从家中抬出，步行去医院。（乡级）卫生院救护车费用太高，一出车就需交付700元，超过30公里按里程每公里增加20元。离新龙村最近的三甲医院在60公里之外，这意味着救护车单程要1300元以上。1300元，几乎是新龙村农户2014~2015年全年全家的收入。

2016~2017年，中央和省级财政向石门乡拨付扶贫资金118.03亿元，其中96%用于基础设施建设，乡域内修路里程大增，新龙村也因此获益。

新龙村大水塘最初在2016年修成通村路，长2.5公里，宽4米，是该村历史上的第一条路。2017年底祖基、飞姑通村路逐渐修成。这为新龙村村民出行、外出看病提供了便利。但是此后，新龙村交通事故逐年增多。通路后一年内，新龙村发生交通事故3起，石门乡内发生交通事故14起，据不完全统计，全乡因交通事故死亡人数至少5个。

（五）精准扶贫过程中的风险

据调查，新龙村最主要的致贫原因是：生病（32.3%）、缺资金（23.1%）和上学（16.9%）。50.0%的受访户享受过扶贫政策，77.8%的受访建档立卡户表示为本户安排的扶贫措施"非常合适或比较合适"，有43.2%受访户表示本户到目前为止的扶贫效果"非常好或比较好"。

19.6%的受访户表示政府为本村安排的各种扶贫项目"很合理或比较合理"，47.1%认为"不太合理或很不合理"。19.6%的受访户认为本村贫困户选择"很合理或比较合理"，43.1%表示"不太合理或很不合理"。

大多数受访户对新龙村精准扶贫调整结果比较满意，但认为村干部按照精准扶贫项目程序不合理。新龙村建档立卡名单调整时，53.1%的受访户表示村干部来家里调查过，38.8%表示没有调查过。村干部按照精准扶贫调出程序找家户成员签字盖章认定脱贫时，42.9%的受访户表示没有签字盖章，34.0%认为村干部没有把调整名单进行公示。对扶贫项目的满意度情况，54.0% 的受访户对调整结果表示满意，34.0% 表示不满意，12.0% 表示无所谓。受访户中的非贫困户对调整结果的满意度（80.0%）高于贫困户的满意度（56.3%）。

第三节　调查实施与研究方法

一　调查实施与组织

本次精准扶贫精准脱贫村庄调研的整体思路是：通过调查问卷、村表调查、访谈和座谈会和实地考察等方法追踪村庄内实施过的精准扶贫项目，并评估其社会效果。此次调查的调查内容和组织过程如下。

第一，通过村表调查和人口教育、家庭收入普查了解村庄的人口构成、受教育水平和基本贫困状态。课题组成员按照国情调研精准扶贫精准脱贫的课题组织安排，使用百村调研的贫困村调查问卷、家户调查问卷来观测贫困村与村民的生活常态。此外，为了更好地了解新龙村精准扶贫实施以来的变迁与发展，课题组用 2014~2017 年的持续调查积累与新龙村的现状进行比较。课题组在新龙村长期以来的调查积累包括：对新龙村村情的连续调查，见附录一。

第二，问卷调查的组织方面：此次问卷调查主要由新龙村当地的在校大学生在暑假期间完成。这样的组织方法能够很好地避免调查理解的偏差。因新龙村居住着以苗语为母语的村民，本村的在校大学生调查员是很好的"汉-苗"翻译专家，能够很好地将问卷文字转换为当地方言和苗语，消解了语言不通带来的调查误差。同时，鼓励新龙村在校大学生参与问卷调查，能够让他们更好地了解生长的地方与乡风民俗。但是，新龙村在校大学生并不是社会学专业的学生，且他们几乎没有任何社会调查的经验，因此，课题组花费很长的时间去培训新龙村在校大学生，在他们熟悉精准扶贫精准脱贫百村调查问卷之后，准许入户调查。在问卷收回之后，采用三审核保证调查数据的真实可靠。"三审核"是指访问员自查、访问员相互审查和督导审核。在审核完成后，对问卷进行回访，我们的回访率在30%以上。

第三，课题组在调研期间驻村观察与记录，熟悉与调查新龙村正在进行的精准扶贫项目，对参与其中的、不同身份的群体进行访谈，以小型座谈会和参与式观察的方法，了解并记录不同群体的主观感受、参与行动及其背后的逻辑。跟踪跨年度的精准扶贫项目，尤其是2015年以后的精准扶贫项目，对比项目预期目标与实现效果的异同，并分析其中原因。

第四，从新龙村、石门乡政府、威宁县政府各部门搜集贫困测量及脱贫的各类数据指标，评估精准扶贫的效果，并以调研报告的方式产出成果。

调查实施的组织基础：2015 年，中国社会科学院社会发展战略研究院与威宁彝族回族苗族自治县人民政府建立合作关系，成立社会发展战略研究院国情调研威宁基地。这为在新龙村实施社区调查提供了组织基础。自此以来，课题组跟踪观察了新龙村教育、生计和脱贫的变化，与新龙村村干部、村民与学校保持着良好的沟通与密切的联系，获得了调研地的信任，这为更加深入地了解和搜集新龙村精准扶贫中存在的风险与治理风险创造了条件。此外，课题组对精准扶贫进入之前的新龙村社会状况也有一定的观察、记录和资料累积。对精准扶贫政策进入前后进行对比，能够更加鲜明地评估精准扶贫的效果。

二 调查方法

此次调研的主要方法包括：田野观察法、村庄对比研究、口述史、发展数据搜集和问卷调查法。

（1）田野观察法

课题组自 2014 年 8 月进入石门乡新龙村进行试调查后，分别在 2015 年 1~2 月、2015 年 8~9 月、2016 年 7~9 月和 2017 年 8~9 月在当地展开田野观察，累计调查时间超过半年。在调查安排期间，课题组为了更全面地观察当地的农业生产和教育活动，有意在两个不同季节进入石门乡和新龙村。课题组不停地在田野、社会学调查理论和政策评估中穿行，使这项调查能够清晰和深入。

参与观察是研究者田野调查最基本的方法，这种方法的持续进行，有赖于研究者与社区的互动。2014 年 8 月，课题组参与观察石门乡新龙村苗文培训班。"我也想学苗文"，这一句话敲开了边远贫困社区的大门。在苗文培训班，上到七十多岁的苗文教师，下到六七岁的孩童，都心甘情愿地成为课题组的老师。此后，课题组成员也不同程度地参与观察了新龙村成人苗文培训班、年丰村苗文培训班和两个其他乡镇的苗文班。参与式观察帮助课题组成员获得珍贵的第一手资料，也拉近了课题组与社区的距离。

在田野观察中，课题组成员也记录了新龙小学撤点并校风波整个过程，看到了边校代课教师分身乏术、为生计担忧。每一次课题组成员都带着来自社区的问题，再次回到社区，推进研究。

2015 年 8 月底，原本在地理位置、行政版图和教育分布上都处在边缘位置的石门乡成为贵州省政府的直接扶贫联系点，一跃成为扶贫攻坚的中心，大量的扶贫资金进入石门乡。教育扶贫及其风险治理是其中的重要内容。课题组有幸见证了，政府教育跨越式发展前后的风险及其治理的不同。不同群体对"风险"的识别与归因也不同，充足的参与式观察能够使研究者将社区发展中存在的问题与困境了解透彻，为运用发展社会学理论进行解读和进一步分析做准备。

（2）村庄对比研究

课题组用威宁县不同的民族乡镇与新龙村所在的石门乡做比较，以突出不同民族社区脱贫发展的异同。同样，在村级层面上，课题组选了年丰村、荣和村作为与新龙村相比较的村庄；也选取了不同乡镇的爱华村进行比较。通过村庄对比研究，课题组发现了一些贫困村庄共同特征和新龙村作为贫困村庄的特点所在。在国家、当地政府不同扶贫政策的干预之下，不同的乡镇、村庄呈现不同的发展治理模式。

（3）口述史方法

口述史是具有个人性的研究方法。口述史以记录由个人亲述的生活和经验为主，重视从个人的角度来体现对历史事情的记忆和认识。把处在边缘风险生活中的小人物当作口述历史的主体，能够发掘出很多被主流社会忽略的侧面。因此，课题组依照生命历程和大的历史事件整理了有针对性的访谈提纲。本书中的口述者主要是拥有多年教书经验的苗族代课教师和乡村土医。他们是边远山村发展的主要参与者，同时也是边远山村最熟悉国家政策的人。他们的日常生活透露着国家政策的实施及其对他们的影响。

口述史也是一种集体记忆。它和其他的历史记录一样具有断续性，不可能"再现"已逝岁月的原本。尽管课题组成员调研的是口述者记忆中的"热点"，但仍不免有些记忆被过往平淡的村寨生活或个人生活中更重要的事情磨平。比如，教育一直是山村人求发展的热点问题，但是不同时期的人对不同阶段的教育事件有不同的解读，甚至同一个人在生命历程的不同阶段也会有不同的看法。由于叙事背景和个人观念的变化，叙事人对同一事件的描述会有所不同。课题组成员解决这一问题的方法是向讲述者不断发问，使其反复讲述，增加讲述人的讲述次数。同时，课题组成员试图找到描述偏差的原因，分析这一社会原因对于研究的意义。尽管如此，口述史与历史真相仍有偏差。

（4）问卷调查法

此次调查主要使用的问卷是"精准扶贫精准脱贫百村调研"的村问卷和入户问卷。除此之外，自2014年起，课题组在新龙村持续做跟踪研究，问卷调查主要分为三类，即针对村庄的人口教育普查表、贫困户调查表和贫困地区中小学校调查表。

贫困山区办学条件差，导致的直接结果是村民受教育水平低。贫困、受教育水平反过来对人们风险抵抗能力产生影响。课题组带着事先设计好的普查表，挨家挨户地走访登记。为提高调查的准确率，避免重复登记产生错误，调查员逐一与户主及年长的家庭成员确认真实信息，减少误差。通过人口普查表，了解全村村民的受教育程度和生计、负债情况，分析农户的风险环境和抗风险能力。

课题组针对新龙村农户的特殊情况，设计了半结构式调查问卷。问卷调查的目的是了解新龙村的贫困情况，个人与家庭收入情况，贫困家庭的政治、经济参与情况以及他们面临的风险种类和应对风险时的社会支持系统。课题组在2016年8月在新龙村随机抽样入户调查了70户，2017年4月补充调查70户，深入地了解新龙村农户的教育、医疗成本和抵抗风险的能力。

（5）县域、乡域教育发展数据收集

课题组通过威宁县教育局、乡教管中心提供的中心校综合报表（2001~2015年）和相关教育政策进行梳理，看到了近15年以来威宁县教育发展变迁在村庄的表现。需要补充说明的是，课题组从乡教管中心取得的综合报表连续年份很少，主要原因是纸质版年度报表在办公室搬迁过程中遗失，在县教育局使用电脑进行报表登记时，偏远贫困的石门乡并没有电脑，还是靠手动输入。

本书通过对新龙村的横剖与纵贯研究，不仅呈现了新龙村人们的生活现状，也能看到新龙村的历史变迁，观察新龙村的发展脉络能够更好地理解精准扶贫对这个贫困村发展的影响。

第二章

精准扶贫大事记：县－乡－村

历史上，威宁彝族回族苗族自治县长期经济贫困、文化发展跌宕起伏。1980年代以来，威宁彝族回族苗族自治县贫困程度深，贫困人口基数大，教育、科技、文化、卫生条件落后，是国务院批准评定的"连片特困地区"县、国家扶贫开发工作重点县。

第一节　精准扶贫在威宁县

2009年，威宁彝族回族苗族自治县被国务院列为"全国喀斯特地区扶贫开发综合治理试点县"。自此，在扶贫发展综合治理上，该县取得了日新月异的成就。

2014 年，贵州省较早开始响应国家精准扶贫战略。精准识别是实施精准扶贫政策的基本前提，通过申请评议、公示公告、抽检核查、信息录入等步骤，将贫困户、贫困村有效地识别出来，建立贫困户和贫困人口档案卡，摸清致贫原因和帮扶需求。精准帮扶主要包括"五个一批"，即发展生产脱贫一批、易地搬迁脱贫一批、生态补偿一批、发展教育脱贫一批和生态保障一批。精准考核包括贫困人口脱贫与返贫再入机制、贫困户退出机制和贫困县考核与退出机制。威宁县先后开展"六个到村到户"、极贫乡镇精准脱贫等，成为精准扶贫的主战场。本节主要介绍威宁县脱贫攻坚投入、贫困人口消减及减贫成绩、县级政府精准扶贫政策介绍和政策在威宁落地存在的各种问题。

一 威宁扶贫资金投入

2009 年 9 月，威宁县被列为"全国喀斯特地区扶贫开发综合治理试点县"后，最明显的是专项扶贫资金的变化。

从图 2-1 可以了解到，威宁县扶贫资金在 2001~2015 年呈迅猛增涨之势，2001 年威宁县的扶贫资金总额仅有 1502.25 万元，2014 年县扶贫资金已达 14485.80 万元，是 2016 年前扶贫资金引进的顶峰，是 2001 年扶贫资金的 9.64 倍。由此可见，中央政府和省级政府扶贫投入力度不断加强。2001~2008 年，威宁县扶贫资金呈现平缓上升之势。2009年后，威宁县也同步成为贵州省行政管理直管县，大量的扶贫资金进入，在2010年扶贫资金投入达到一个小高峰。2014年国家开始部署、实施精准扶贫政策以来，新一轮的扶贫资金投入达到新的高峰。贵州省政府2016年仅在威宁县石门乡的投入就高达118.65亿元，全县扶贫资金更是高于此值。

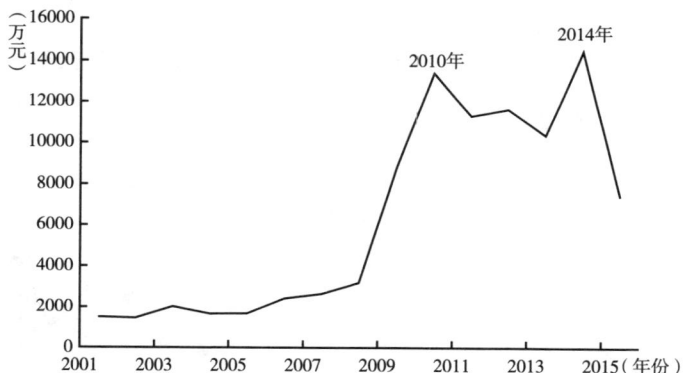

图2-1 威宁县扶贫资金变化情况（2001~2015年）

资料来源：威宁县扶贫办。

威宁县扶贫资金的来源主要有两个：财政资金和自筹（社会）资金。财政资金主要是指中央财政和省级政府财政拨款。自筹资金是指由县对口扶贫办公室引进的对口帮扶资金和大额社会捐赠。由图2-2可见，2001年，威宁县引进的自筹资金高于财政资金。2002~2005年，财政资金持续走高，而自筹资金逐年降低，在2005年低至44.50万元。在2006年、2007年短暂上升之后，2008年可能受四川省汶川大地震全国支援灾区影响，自筹资金降为0。与此同时，财政资金又在不断提升，分别在2010年、2014

年达到高峰。

值得注意的是，政府财政专项扶贫资金从 2008 年的 3200 万元提升到 2009 年 8806 万元，增长率高达 175%。2010 年再度增长到 13097.7 万元，增长率为 48.7%。无论是总量还是增长速度，威宁县均位居全省前列。全县的水利、电力、交通、农牧、林业等部门也得到了大量的资金支持。仅 2011 年的部门项目资金就有 20 多亿元，威宁县每年（2001~2015 年）实施的扶贫项目与扶贫资金大体呈成比。

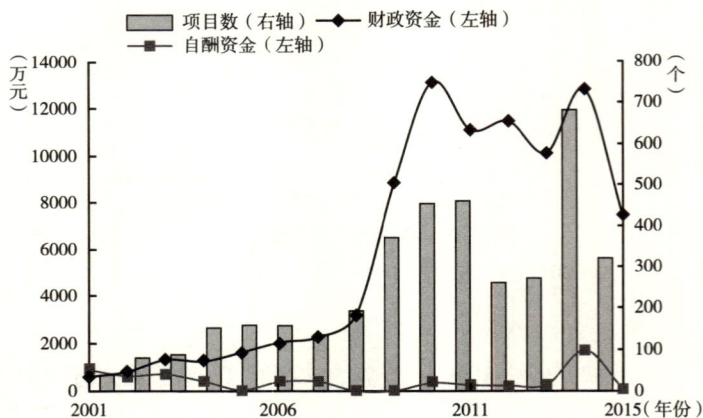

图 2-2　威宁县扶贫攻坚资金投入情况（2001~2015 年）

资料来源：威宁县扶贫办、威宁县统计局。

20 世纪 90 年代我国开始实施对口帮扶战略，这一战略确实对贫困地区增加扶贫资金具有实际意义。深圳市、国家招商局对威宁县帮扶已有 30 年历史。在威宁县扶贫资金统计台账中，仅 2014 年一年，深圳市对口办、国家招商局和南山区集团对威宁的资助情况就如表 2-1 所示。

资金和其他减贫资源的流入，给威宁县提供了有利的条件，降低了县域资金整合的难度。

表2-1　威宁县获得的对口扶贫项目及资金（2014年）

援助单位	累计金额（万元）	扶贫项目、资金用途
深圳市对口办	500	2009~2014年，用于文明村镇建设
南山区集团	500	没有指定用途说明，但
国家招商局集团	2000	主要用于修建学校和水窖

资料来源：威宁县扶贫办。

二　威宁精准扶贫经验

2013年来，国务院扶贫办强调贫困受益人口瞄准要精确，实施动态管理，提高贫困人口瞄准精度。为加强瞄准机制寻找对象的精度，国务院扶贫办要求将瞄准机制由原来以"贫困县""贫困村"为主要瞄准对象转变为以户为主要瞄准对象。2014年初，威宁县常委会通过《威宁自治县"六个到村到户"暨精准扶贫工作实施方案》，明确将60001个贫困对象作为当年脱贫的目标。该目标已如期完成。随着时间推移，到2020年10月，据威宁县人民政府网报道，脱贫目标已经完全达成。

2014年2月，精准扶贫在威宁县正式启动。"六个到村到户"，指结对帮扶到村到户、产业扶贫到村到户、教育培训到村到户、农村危房改造到村到户、生态移民到村到户、基础设施改造到村到户。其中，结对帮扶到村到户采取的是"4321"结对帮扶方式，即"县级干部至少联系4户贫困户；科级干部至少联系3户贫困户；股级干部至少联系 2 户贫困户；一般干部至少联系 1 户贫困户"和"2名村干部帮扶 1 户贫困户；3 名致富党员帮扶 1 户贫困户"。以这样的方式，威宁县实现了 8227 名干部与贫困户结对帮扶。

威宁县精准扶贫建档立卡的方法与步骤：①明确调查范围，扶贫对象进村入户调查范围覆盖全县 35 个乡（镇）4 个办事处 573 个村（不含社区，社区内有贫困人口的将贫困人口并入原户籍所在村中体现），重点瞄准贫困村。②确定识别标准。识别标准为年末家庭年人均纯收入低于国家现行扶贫标准，并且具有劳动意愿和劳动能力的农村居民，认定为扶贫对象。凡高于国家贫困标准的，则认定为脱贫对象。劳动年龄为男 16~65 岁、女 16~60 岁。同时，对于农村贫困家庭中的在校学生，一并纳入扶贫对象统计范围。

威宁县精准扶贫帮扶措施：

（1）结对帮扶到村到户。贫困村要有 1 个联系或挂帮单位、1 个同步小康驻村工作组。采取"1+N""1+1""N+1"结对帮扶模式，按照"654321"模式确保每个贫困户都有 1个帮扶直接责任人。

（2）产业扶持到村到户。支持建立烤烟、经果林、蔬菜等专业合作社带富脱贫，走精品种养、适度规模、深度加工的发展脱贫之路。

（3）教育培训到村到户。遵循贫困乡村"一户三人"培训计划，办好贫困乡村学生营养午餐，加快农村寄宿制学校标准化建设，继续实施好乡村学校特岗教师计划；构建参与式、互动式、启发式的培训新模式。

（4）农村危房改造到村到户。按照《贵州省农村危房评定暂行标准》，对最困难农户的最危险房屋优先解决，以"原址重建"为主；二、三级危房采取"局部改造"的方式进行修缮。驻村帮扶到户、责任包保到户、技术指导到户、资金直补到户。2017年底，威宁县完成11828户农村危房改造。

（5）扶贫生态移民到村到户。乡（镇）要组织干部进村入户宣传生态移民政策，支持政府实施统筹城乡经济社会发展最有效的"生态移民工程"，积极协调村、组、农户的建房用地调整，向上争取有关政策支持，减轻群众建房负担。

（6）基础设施改造到村到户。根据"四在农家·美丽乡村"基础设施建设六项行动计划，以贫困乡（镇）、贫困村、贫困人口为帮扶对象，实施小康路、小康水、小康房、小康电、小康讯和小康寨建设。由水利局结合贫困村寨的实际情况，整合各项资金，着力解决因自然灾害导致饮水不安全的人饮问题，进一步改善原有人饮工程设施；着力解决农村耕地不能得到有效灌溉的问题。在集中式供水的地方，力争50户以上的农村集中居住人口通自来水；在分散地区采取水池、水窖方式解决饮水困难，提高供水安全保障率；加强小型农田水利工程和骨干水源工程建设。2014年，投入资金总额为26583.17万元。2015年投资3000万元，2016年投资3289.5万元，项目自2014年10月启动至2016年10月完工。2015年，投入资金

22988.1 万元，修建农村饮水安全工程和骨干水源工程。修建农村学校安全饮水工程，投入资金 1892.55 万元，项目自 2015 年 1 月启动至 12 月完工，覆盖 29 个乡镇 105 个村。

但是，威宁县仍旧有 30% 的贫困村存在安全饮用水获取困难的问题。贫困山区的居民取水路途遥远，山路崎岖，存在人畜共饮雨水的情况。更糟糕的是，每年 12 月至来年 3 月，威宁降雨量非常少，贫困山区的居民没有水源。

逐步实现农村电话、宽带基本全覆盖以及地方电视节目共享。2014~2015 年投资 2960 万元，实施 3G、4G 基站及汇聚机房和环网等项目建设。新增 66 个自然村通电话，新增 280 个行政村通宽带，实现 97% 以上的自然村通电话和 50% 的行政村通宽带。县电力局投资 31306.2 万元，组织实施输变电工程、户表改造工程等基础设施改造，逐步实现户表率 100%、同网同价率 100%、农网改造率 100%。

三 威宁脱贫战绩

威宁县喀斯特石漠化与深度贫困交织，喀斯特地貌生态治理与脱贫攻坚并行。通过实地调研，我们对威宁县成为全国喀斯特地区扶贫开发综合治理试点县 8 年以来（2009~2017 年）积累的成功的生态治理经验进行了总结和梳理，从营林造林、农村安全饮用水工程、农村危房改造和村居改善等方面来介绍威宁县所取得的成绩。

森林覆盖率是评价石漠化治理的重要指标之一。2008年，威宁县森林覆盖率为26.17%，2009~2015年森林覆盖率逐年上升，2016年为49.02%，即在县域内有一半地貌被森林覆盖。2013~2016年，新造林面积83.26万亩，县域内森林覆盖面积提升了8.42个百分点。

威宁县营林造林与扶贫、益贫有效地结合了起来，通过经营"生态扶贫林"来实现生态环境变好和益贫的双重目标，这是威宁县作为喀斯特地区试点县比较成功的经验。"生态扶贫林"是指威宁县域内每个乡镇从营林造林经费中拿出1万元给每位建档立卡贫困户，让贫困人口通过造林、守林获得收入。目前，威宁县域内共有545个生态护林员。

农村安全饮用水工程，也是衡量生态均衡发展的重要指标。自2009年起，水利工程成为威宁县生态改善的重要工作之一，2010年，中央政府将威宁县列为"小型农田水利建设试点县"和"农村饮水安全工程建设试点县"。如图2-3所示，从威宁县水利局、统计局统计数据可以看出，2009~2011年是威宁县域内安全饮用水工程发展较快的阶段，工程投资巨大。仅2011年的总投资就有29863.06万元，其中，中央补助资金19608.69万元，省级配套资金10254.37万元。工程涉及解决476个村，解决了农村饮水不安全人口471578人，学校21个，受惠师生23649人。2014~2016年，安全饮用水工程开始向贫困村、贫困户和贫困人口倾斜。2015年，解决了威宁县极贫乡新发乡安全饮用水问题，覆盖贫困村24个，其中一类

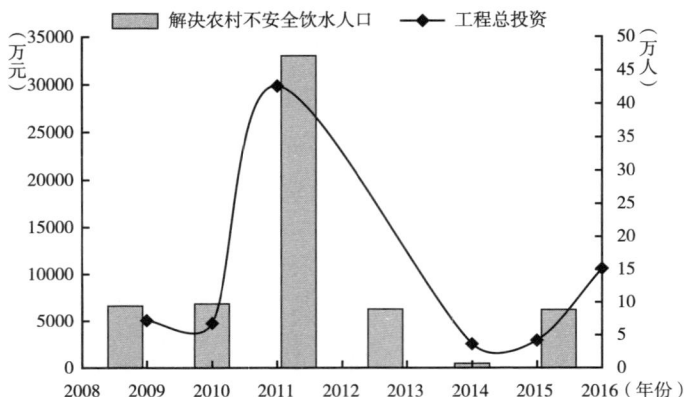

图2-3 威宁县安全饮用水工程总投资和受益人数（2008~2016年）

资料来源：威宁县水利局、威宁县统计局

贫困村16个，二类贫困村8个。2016年，威宁县总投资10603.12万元，解决了88591人的饮水安全问题，其中贫困人口为9000人。2017年，威宁县进一步推进农村饮水安全工程，9个建档立卡贫困村、1079户贫困户和4070个贫困人口从中受益。

尽管营林造林与农村安全饮水工程已经向贫困村、贫困户和贫困人口倾斜，但与2016年威宁县贫困发生率11.25%相比，这两项工程对贫困人口的倾斜并不充分，仍有加大倾斜力度的空间。

如图2-4所示，威宁县所有573个村已经通公路、通汽车。2012~2013年，威宁县通公路、通汽车的村庄数量减少是由行政村调整、撤并导致的。农村通信（通电话的村、通邮件的村）在过去8年也有一定幅度的上升，县域内分别有49.56%、32.29%的行政通电话、通邮件。

2010~2013年，为了减贫与可持续发展威宁县域内

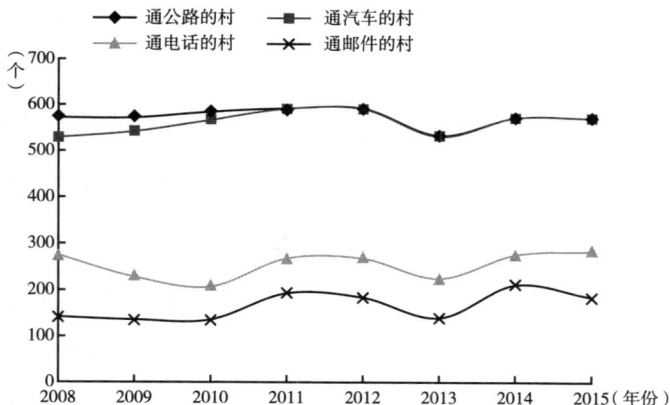

图 2-4　威宁县"四通"行政村数量统计（2008~2015 年）

资料来源：威宁县统计年鉴（2008~2015 年）

关闭小煤窑，禁止私自开采，鼓励农户使用新能源做饭、取暖。如图 2-5 所示，2015 年底，53733 户家庭使用沼气，占全县家户总数的 14.34%，298025 户家庭用电来做饭、取暖，占全县家户总数的 79.58%。相较于用电，农户使用沼气、电等能源改善了农村环境，从过去单纯依靠

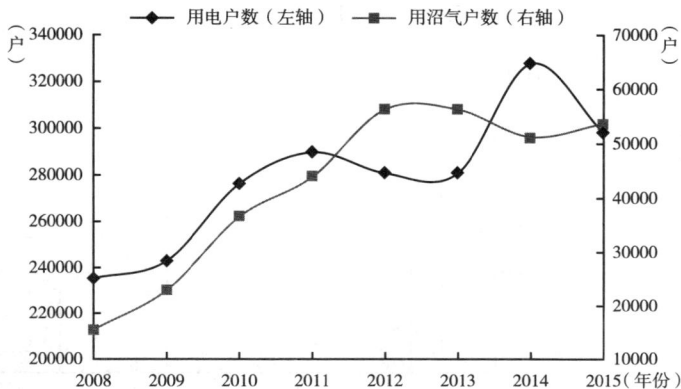

图 2-5　威宁县农村用电户数、用沼气户数（2008~2015 年）

资料来源：威宁县统计年鉴（2008~2015 年）。

煤和柴转向相对洁净的取火方式，有利于农村生态环境的改善。

危房改造是农村生态改善的重要内容。2008年，县扶贫办摸底调查，全县农村共有危房68769户。2009年，威宁县境内连续多次发生4.0级以上地震，造成部分民房倒塌和损坏，新增地质灾害危房7228户，导致全县农村危房增加到75997户。据威宁县生态办提供的数据，2011~2016年是威宁县茅草房改造、危房改造的集中阶段，全县每年开展危房改造推进工作。与以往住房政策不同，危房改造政策向特困户、地灾户倾斜。乡镇干部、驻村干部实地走访或者依据家户在建档立卡中的等级来确定其应该得到的相应的补贴。

由图2-6可知，2011年超过一半的特困户得到了危房改造的指标。2013年，相差不多的一般户、特困户和地灾户进行了危房改造。2015年，危房改造的一般户远远超过

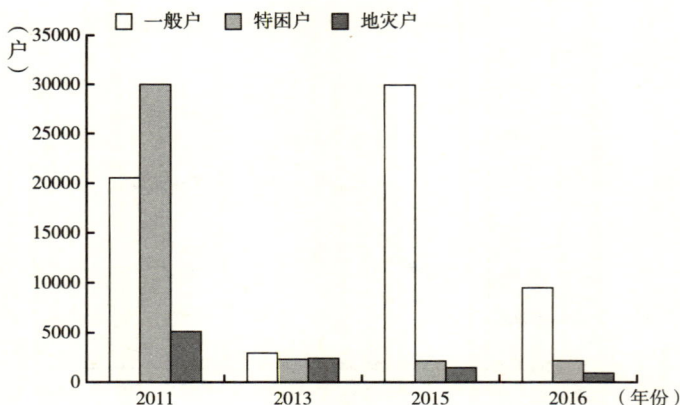

图2-6 威宁县农村分类危房改造数量

资料来源：威宁县扶贫办、威宁县生态办。

特困户和地灾户。2016年，特困户和地灾户占比有所回升。危房改造在威宁县域内取得了明显的成绩，得到此项目支持的村民居住条件得到了改善。

威宁县危房改造存在的问题是：原本旨在帮助贫困户或低保户从危房中搬出来的政策出现了偏离。具体表现为：特困户改造危房的资金压力巨大。据2015年调查，在威宁县农村修一处80平方米的房子，不计算宅基地费用，约需要12万元。县政府补助的1~2万元相较于修房子所需要的总量来说杯水车薪，许多特困户和贫困户望而却步。另外，危房改造政策与当下的贫困政策、低保政策相关连，需要政府多部门联合才能完成"大扶贫"的系统治理。

总的来说，2009~2016年，威宁县通过生态营林、安全饮用水工程、农村"四通"和危房改造等项目来改善村居环境。与全县脱贫攻坚相结合，威宁县生态环境提升有效地改善了农村贫困户、贫困人口的生活。如图2-7所示，威宁县的贫困发生率因国家贫困标准提升在2009~2011年略有回升，2012~2016年国家贫困标准提升，但威宁县贫困发生率逐步下降国家贫困标准，贫困人口不断减少，脱贫攻坚剪刀差已经显现。2009~2016年，威宁县总体贫困发生率线性为负。又经过四年努力，威宁县在2020年10月20日完成脱贫摘帽审核，正式实现脱贫摘帽。

但是，威宁县人均纯收入与国家贫困标准之间的差距线段越来越长，表示威宁县的人均纯收入超出国家贫困标准越来越多，说明威宁县的人均纯收入发展得就越快。图2-8为

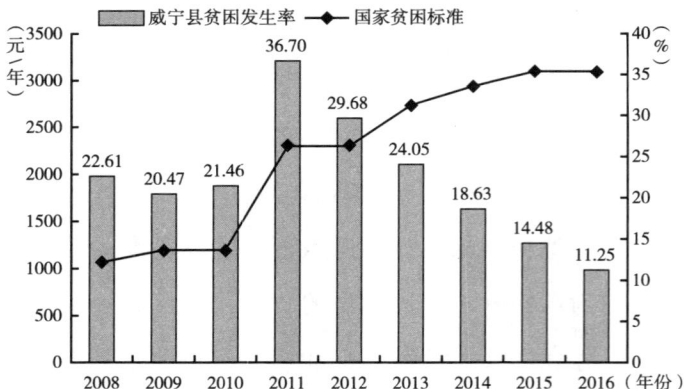

图 2-7 国家贫困标准与威宁县贫困发生率（2008~2016 年）

资料来源：威宁县扶贫办。

威宁县人均纯收入与国家贫困标准的比较。

威宁县人均纯收入与国家贫困标准做比较能够说明 2008~2013 年威宁县人均纯收入在增长。将国家人均纯收入与威宁县人均纯收入比较，国家人均纯收入每年与威宁人均纯收入的差距保持不变，在 2013 年，两者之间的差距略微变大。总体来看，2008~2013 年国家人均纯收入为威宁人均纯收入的 2~3 倍。2013 年，贵州省人均纯收入

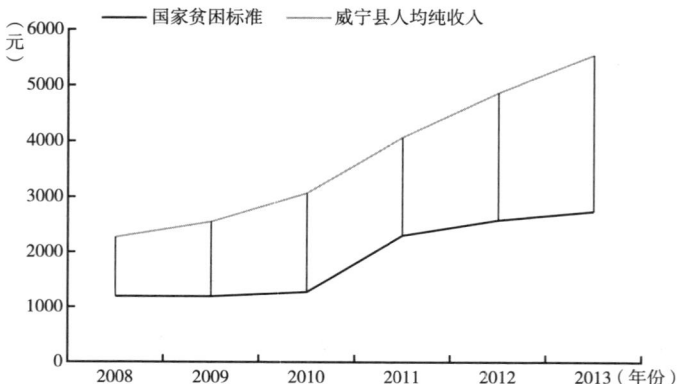

图 2-8 国家贫困标准与威宁县人均纯收入比较（2008~2013 年）

资料来源：威宁县扶贫办、威宁县统计局。

5434 元，位列全国第 30 位（不含港澳台）。威宁县人均纯收入 5542 元，低于全国各县平均纯收入。2009 年，威宁县被列为"全国喀斯特地区扶贫开发综合治理试点县"后，县人均纯收入得到了很大的提高，但与国家人均纯收入增长的速度相比，威宁人均纯收入增速略慢。如图 2-9 所示，威宁县草海镇人均纯收入比民族贫困乡高。这说明县域内存在收入差距。因此，提高威宁县人均纯收入依旧任重道远。

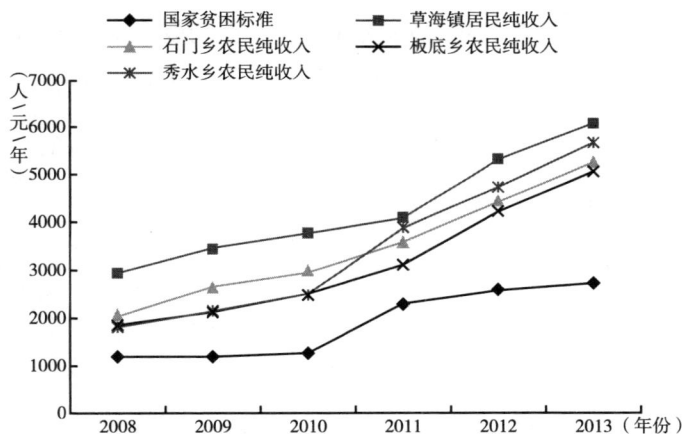

图 2-9 威宁贫困民族乡人均纯收入比较（2008~2013 年）

资料来源：威宁县统计年鉴（2008~2013 年）

第二节　精准扶贫在石门乡

石门乡位于威宁县西北部，距离县城 154 公里，总面积 140.59 平方公里。据 2013 年统计数据，全乡辖 14 个行政村，87 个村民组，共 4497 户 19036 人，少数民族占全乡总人口的 27.8%。其中，苗族 3577 人，占总人口的 18.8%；彝族 1383 人，占总人口的 7.3%；回族 49 人，占总人数的 0.3%。因此，石门乡是典型的苗族聚居乡。

石门乡人均纯收入在威宁县排第 34 位，是人均纯收入倒数第二的贫困乡。石门乡由于自然地理环境恶劣、交通闭塞、发展滞后。截至 2015 年 9 月，尚有 7 个村未通硬化路，37 个村民组无通组路，12 个村存在饮水困难问题。全乡森林覆盖率为 38.5%，平均受教育年限仅为 5.1 年，医疗条件差。全乡贫困人口占总人口的 1/3，有 8 个行政村贫困发生率超过 35%，是脱贫攻坚难啃的"硬骨头"，脱贫攻坚任务艰巨。

一 贵州省极度贫困乡——石门乡

威宁县人均纯收入（扣除城镇居民）纯收入由 2008 年的 2300 元，上升到 2013 年的 4850 元。如图 2-10 所示，图中是以秀水乡、石门乡、板底乡和草海镇四个乡镇为例，呈现了威宁县人均纯收入在六年间（2008~2013 年）的变化。秀水乡，位于威宁县西南部，距县城 48 公里，总面积 139.2 平方公里。据 2013 年统计数据，秀水辖 14 个村民委员会，74 个村民组，共有 5729 户 27568 人，居住着回、彝、苗、白、布依、蒙古族等少数民族，是典型的回族聚居乡。草海镇是威宁县的政治、经济、文化中心，总面积

360.7 平方公里。据 2013 年数据统计，全镇辖 7 个党工委，11 个社区，45 个村民委员会，334 个村（居）民小组，总户数 42542 户，总人口 161461 人，其中农业人口占人口总数的 72.29%，非农业人口占人口总数的 27.71%，少数民族人口占人口总数的 11.73%，居住有汉、彝、回、苗等多个民族。此外，板底乡是威宁县典型的彝族乡，通过不同民族乡镇的比较可见民族差异对经济的影响。

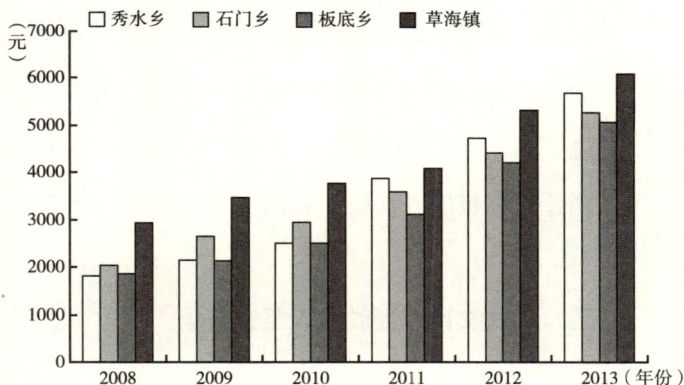

图 2-10　威宁县民族贫困乡与草海镇农（居）民人均纯收入比较
（2008~2013 年）

资料来源：威宁县统计年鉴（2008~2013 年）。

秀水乡人均纯收入由 2008 年的 1814 元，上升到 2013 年的 5681 元，是四个乡镇中人均纯收入增加最多的乡镇；石门乡由 2008 年的 2035 元，提升到 2013 年的 5270 元，增幅 159%；板底乡人均纯收入从 2008 年的 1858 元，到 2013 年的 5076 元，人均纯收入五年间增加 3218 元。作为威宁县的经济、政治和文化中心，草海镇居民人均纯收入由 2943 元提高到 6092 元，增幅为 107%。

2008~2013 年，四乡镇农（居）民人均纯收入均为初始值的 2~3 倍，增长速度由快到慢依次为秀水乡、板底乡、石门乡和草海镇。不同民族乡镇人均纯收入增长速度不同，若以草海镇的居民人均纯收入作为城镇居民收入的平均水平，秀水乡、板底乡和石门乡的农民人均纯收入是不断与其靠近的，表示威宁县城、乡人均纯收入的差距在 2008~2013 年不断缩小。

秀水乡、板底乡和石门乡分别为威宁县一类、二类贫困乡，又各自具有不同的民族特色，人均纯收入增长速度的快慢与其民族文化、社会结构具有一定的联系。总体上说，石门乡与草海镇和秀水乡人均纯收入有着较大的差距，但与板底乡比较，石门乡的人均纯收入略高。

二 从扶贫盲点到脱贫攻坚主战场

过去，在我国政府扶贫版图上，新龙村所在石门乡一直位于边缘地带。图 2-11 显示了政府财政资金在石门乡的投入情况。2002 年，进入石门乡的财政资金仅为 2 万元，2001 年仅有 9 万元。2003 年偶然飞速提升至 20 万元。但在 2005 年迅速下降到 9.50 万元，几乎回到了 2001 年的水平。可以说，在 2008 年之前，在我国脱贫攻坚的规划蓝图上几乎找不到石门乡，它一直是扶贫攻坚的盲点。

2009 年发生重要转机，威宁县成为"全国喀斯特地区扶贫开发综合治理试点县"，中央及省级财政资金投入增加，石门乡的财政扶贫资金也随之迎来一次小飞跃，达到

212万元。尽管石门乡的财政扶贫资金仅占威宁县扶贫资金总数的 6.6%。假设一个理想状况，当年威宁县扶贫资金能够在 36 个乡镇平均分配，那么石门乡应该得到 244.75 万元。而石门乡实际得到的扶贫资金比平均值低近 33 万元。而且，相较于威宁县城周边乡镇，石门乡存在更为严重的脱贫攻坚难题。这说明，虽然中央与省政府对威宁县扶贫攻坚给予了大力支持，石门乡也从中获益，但石门乡仍然不是威宁县扶贫开发的重点乡镇。再加上与其他乡镇比较，石门乡距离县城最远且交通条件恶劣，因此一直是扶贫开发的边缘乡镇。但是，随着我国扶贫开发力度的不断增强和精准扶贫战略向边远地区推进，石门乡获得的财政扶贫资金支持也越来越多。

2015 年是石门乡脱贫攻坚历史上值得被铭记的一年，石门乡从过去政府扶贫的边缘转变为政府扶贫攻坚的主战场，一时间成为贵州省倍受瞩目的地区之一。2016~2017 年，共计 118.65 亿元中央及省级政府财政资金进入石门乡。石门乡因此热火朝天地开展脱贫攻坚工作。

图 2-11 并没有像计算县域扶贫资金那样将石门乡的自筹资金列出，主要原因是从 2001 年至今，石门乡自筹资金极少，与后来数以亿计的扶贫资金相比，难以明显地显示在同一个图表当中。实际上，石门乡分别在 2001 年、2002 年、2003 年、2004 年和 2006 年分别自筹得到 9 万元、2 万元、7 万元、5.70 万元和 9.90 万元。这是过去近 20 年来，石门乡自筹到的所有资金。这说明，长期以来，石门乡因交通条件恶劣，获得的社会支持也很少。

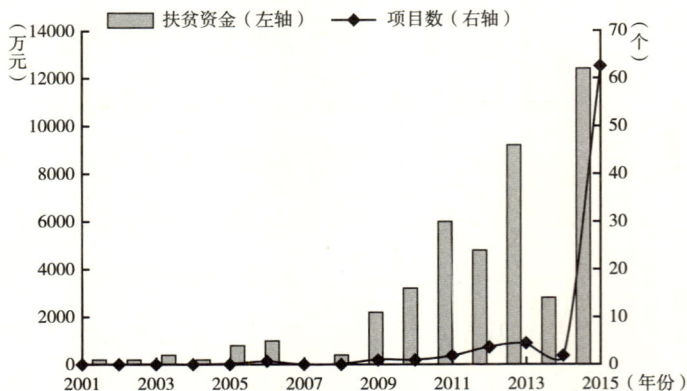

图 2-11　石门乡政府财政资金投入情况（2001~2015 年）

资料来源：威宁县扶贫办工作报告（2001~2015 年）。

除了政府财政资金和自筹资金外，贫困的石门乡常年得到一个社会组织的关注。该组织在 1992 年进入石门乡，此后在当地展开了一系列的社区发展活动。主要包括：前后进入多个少数民族村寨进行基础设施建设，例如修水窖、修路，在社区进行医疗卫生和教育普及，推动小额信贷来助医助教，同时培养社区建设的领军人物。至今，石门乡仍有 4 个少数民族村寨在这个社会组织发展项目的支持下开展村文化活动室修建和旱厕改造等。

据当年推行社区发展项目的专员讲述，石门乡政府在 20 世纪 90 年代非常贫困，经常要跑到社会组织办公室来借发电机等工具。该社会组织驻石门乡项目组运来一个黑白电视机，成为当时山民们争眼看外面世界的一扇窗户。也就是说，在 20 世纪 90 年代，石门乡乃至整个威宁县仍是国家扶贫的盲点。社会组织在当地展开乡村建设，具有一定的减贫成效。

随着中央政府财政资金和省级财政资金的进入和当地社会不停地向前发展，国家在贫困地区改造力度增加，社会组织在石门乡的扶贫项目开始受挫、退出。

三 石门乡迎接发展新机遇

2015 年 8 月底中共贵州省省委书记深入威宁自治县调研，明确提出重点帮扶石门乡，要求采取切实有效的措施，确保石门乡"两年变面貌，三年见成效，五年达目标"，为全省脱贫攻坚工作出经验、做示范、树标杆。

此后，威宁县县委、县政府制定了石门乡发展蓝图。其中，增收目标：用三年时间实现农民人均可支配收入在 2014 年（5883 元）的基础上翻一番，年增幅超过 20%，达到 10000 元以上。生态目标：森林覆盖率达到 50% 以上；用两年时间实现贫困农户脱贫摘帽，全面消灭"空壳"村；用两年时间实现户户通自来水、村村通油路、村村通网络、寨寨通巡回路等基础设施全覆盖；用两年时间实现民生彻底改善。

村庄发展目标：两年发展"一圈两线五园区三十三寨子"，带动全乡发展。"一圈"是指石门乡 14 个行政村通联一个公路圈；"两线"是指女姑–昭通、新合–年丰–钢桥等两条外联公路；"五园区"是指女姑村与新民村生态畜牧示范园、女姑村现代蔬菜示范园、新龙村马铃薯蔬菜示范园、年丰村烟草种植示范园、观音山村中草药种植示范园；"三十三寨子"是指石门乡"一圈两线"沿途的 33 个自然村寨。

威宁县与石门乡政府在 2016 年初接到省政府对发展规划的批复。石门乡在 2016~2020 年主要在交通和水利等基础设施、产业扶贫、易地扶贫搬迁、基本公共服务、生态建设和地灾防治等方面展开脱贫攻坚活动，共计投入资金规模 118.65 亿元，193 项扶贫项目。

中央政府和省政府对石门乡投入资金中仅基础设施建设一项就占 95.2%，资金高达 112.99 亿元。产业扶贫、易地扶贫搬迁、基本公共服务、生态建设和地灾防治 4 项共计占比 4.8%，具体分布如图 2-12 所示。在这 4 项中，产业扶贫占额最多，达 30622 万元；投入最少的是易地扶贫搬迁，为 2444 万元；基本公共服务占 19661.5 万元；生态建设和地灾防治等占 3923.9 万元。由此可见，基础设施建设是石门乡 2016~2020 年发展的重点。基础设施建设

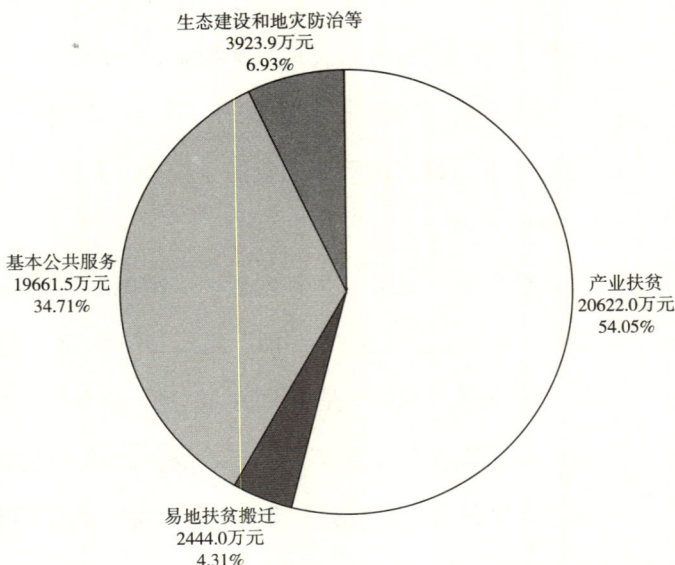

生态建设和地灾防治等
3923.9万元
6.93%

基本公共服务
19661.5万元
34.71%

产业扶贫
20622.0万元
54.05%

易地扶贫搬迁
2444.0万元
4.31%

图 2-12　2016~2017 年石门乡资金投入的用途（除基础设施外）

资料来源：石门乡政府。

主要集中在修路和村寨建设上，这与过去交通条件恶劣抑制石门乡发展的现实有关。

表2-2　石门乡各村贫困状况与扶贫项目分布情况（2015年）

行政村	类别	贫困发生率（%）	村人口数（人）	主要扶贫项目
村01	一类贫困村	38.31	783	易地搬迁集镇安置点
村02	一类贫困村	38.26	1490	生态精品示范村，寄宿制完小建设
村03	一类贫困村	38.26	575	修路，养殖，手工刺绣
新龙	一类贫困村	38.00	1579	苗族风情园、生态精品示范村，小微企业，修路
村05	一类贫困村	37.96	1080	寄宿制完小建设
村06	一类贫困村	37.96	3056	蔬菜基地，十户一体，寄宿制完小建设
村07	一类贫困村	37.82	1322	寄宿制完小建设
村08	一类贫困村	37.81	1534	马铃薯种植基地，村寨小学建设
村09	一类贫困村	37.78	1694	苗族风情园、生态精品示范村
村10	一类贫困村	37.54	879	生态移民项目
村11	二类贫困村	32.64	766	寄宿制完小建设，组织合作社
村12	二类贫困村	31.75	630	产业扶贫
村13	二类贫困村	31.53	1586	寄宿制完小建设，产业扶贫，易地搬迁安置点
村14	三类贫困村	28.08	2315	寄宿制完小建设，产业扶贫，农民讲习所
合计		35.82	19289	

资料来源：石门乡政府。

由表2-2所示，石门乡各个村贫困发生率不尽相同。新龙村是贫困发生率最高的贫困村之一，集中了石门乡脱贫攻坚的重点与难点。

四 石门乡精准扶贫成效

石门乡"两年变面貌，三年见成效，五年达目标"效果明显。2015~2017 年，石门乡实际使用资金累计约 102 亿元，本部分从可支配收入提升、贫困人口减少、住房和基础设施建设等方面来说明脱贫情况。

2016 年，石门乡人均可支配收入为 7617 元，较 2015 年的 6734 元提升了 13.1%；较 2014 年的 5883 元提升了 29.5%。

石门乡在 2016 年脱贫 1214 人。该乡低保户由 2014 年 1356 户，2015 年 1032 户，退出至 2016 年的 953 户。两年时间，低保户的总量减少 403 户。如图 2-13 所示，2010~2016 年石门乡低保人口数量下降 4348 人，低保户数下降 1005 户。

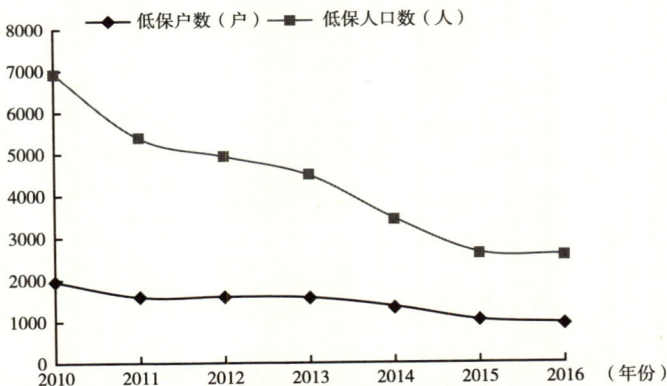

图 2-13　石门乡低保户数、人口数变化情况（2010~2016 年）

资料来源：石门乡政府。

在过去两年，石门乡居民住房与基础设施建设发生了翻天覆地的改变。石门乡 4 个行政村新建了民族风情园，多数居民的住房由原来的土坯茅草房、危房改造成了二层小洋房。其他石门乡精准扶贫建档立卡贫困户，都获得了不低于3000元/户的住房修建补贴。[1] 石门乡新龙村等完成易地生态搬迁约300户，易地搬迁户的住房条件有了明显的好转。

2016~2017年，石门乡14个行政村通村路已经修建完成，部分通村路还修起了护栏。石门乡至昭通、中水乃至县城的路也修建完成。石门乡到昭通市的路程缩短了30公里，时程减少约半个小时。石门到县城的路程减少约20公里，时程缩减近1小时。

石门乡教育事业在2016~2017年开始摆脱贫困限制。政府投入资金数量极大，1所中学、11所小学（教学点）都完成了校园绿化、公厕重修，并修起校园围墙、美化围墙。每所中小学都设置了校园警卫室，由专人专职看护学校。每所学校的教学设备也有所提升，教师办公配备了光纤网络和电脑，这是两年前无法想象的事情。

石门乡14个行政村都修建了村公所、村民娱乐休闲广场和医务室。每个村也都在发展产业，如新龙村洋芋种植、年丰村烤烟种植等。产业发展为村民收入提高奠定了基础。

---

[1] 课题组祖基2017年8月调查。

第三节 精准扶贫在新龙村

新龙长期以来就是深度贫困村庄，村民过着极其贫困的生活。新龙村劳动力相对丰富，但受教育水平低，劳动收入不高，且大多数家庭负债累累、四处借贷，贷款偿还能力弱。

新龙村贫困程度深导致农户日常生活中充满发展过程中的风险，主要包括生计风险、发展风险和无法接触公共服务的风险。根据调查，新龙村民最主要的致贫原因是生病、缺资金和上学。受访村民中一半的人对贫困户评定结果满意，40%左右的受访户认为贫困户评定过程合理，也有超过1/3的受访户认为贫困户评定是无所谓的事情。

新龙村贫困人口数量逐年减少，低保户数和人数在2010~2016年总体呈递减趋势。如图2-14所示，新龙村低保户在过去7年，减少了90户476人。但需要注意的是，

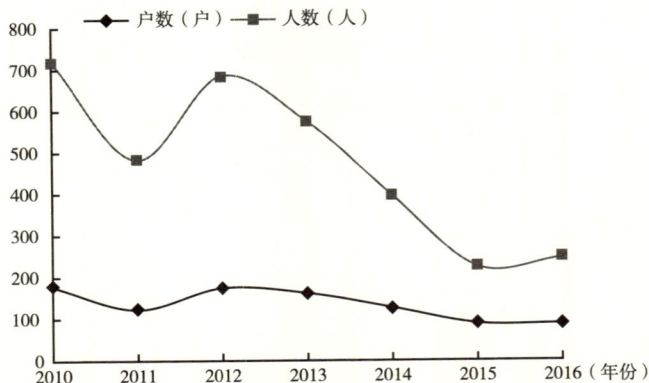

图2-14 新龙村低保户数、低保人口数变化情况（2010~2016年）

资料来源：石门乡政府工作报告、新龙村历年统计数据（2010~2016年）。

低保户或低保人口数存在反复，如 2012 年新龙村的低保户、低保人口数量都略有回升。这是在今后脱贫攻坚中需要尽量避免的问题。

回顾新龙村扶贫历程，有三类扶贫实践不能忽略，第一类是基础设施建设；第二类是社会组织参与式扶贫项目；第三类是近年来政府对精准扶贫规划项目的高密集实施。

一　基础设施建设

1999 年，重山叠嶂，新龙村民住茅草屋，用煤油灯，没通电、没通路、缺水。

2000 年，一个社会组织的昆明项目办决定给新龙村支持 37 万元综合发展项目。

2005 年，新龙村祖基通了电，山凹亮起了夜明珠。

2005 年，新龙村村民用上了自来水，饮水安全性提高。

2006~2008 年，威宁县交通局、扶贫办、社会组织支持立项，投入扶贫资金 50 万元，修建了一条长 7 公里的砂石路，沟通了祖基与山外的联系。山里的农产品运出去，山外的物资运进来。祖基农民告别了祖祖辈辈人背马驮的生活。

2009~2010 年，新龙小学教学楼修建竣工，宽敞、明亮，教学条件大为改善。

2010 年，遭受百年不遇的大旱，威宁县水利局支持新龙村 60 口小水窖建设，缓解了飞姑和祖基的旱情，减轻了干旱带来的损失。

2015~2017 年，新龙村修通了铺沥青的油路。修建通往新龙村七组的进山通组水泥路。曾经泥泞难行的窜寨路、连户路在政府的支持下一段一段地修通。[①]

2015 年以来，中央及省政府在新龙村的投入累计达3750 万元，主要用于村委会和公共场所的基础设施、苗族风情小寨和 120 套生态精品房，村寨小学设施建设，以及多个产业扶贫项目。

二　社会组织参与式扶贫

一个社会组织扶贫项目自 1994 年进入威宁县，1998~2006 年有项目落地新龙村，留下了诸多致力于脱贫脱贫的努力和尝试。至今在新龙村 3 个自然村寨仍能看到该社会组织当年进行社区发展尝试的痕迹。

该机构在 20 世纪 90 年代在石门乡扶贫就使用了 PRA的方法。项目经理使用 PRA 来引导，让贫困农民对扶贫项目感兴趣，鼓励他们参与进来。项目经理面对大量设计信息的时候，借助 PRA 工作方法能够很好地发挥贫困者的兴趣与想法，选择受助者感兴趣又认为有前途的产业。该社会组织在石门乡发起养猪产业，贫困农民积极性空前高涨，80% 的农户参与进来。

如今在石门乡仍有该社会组织的项目运行，在与新龙

---

① 黄杏：《威宁自治县石门乡副乡长耿陆芬："为群众做事我开心"》，贵州日报，2017 年 1 月 3 日。

村距 6 公里的年丰村。2011 年以来，年丰村苗寨铁匠塘在该社会组织项目的帮扶下，修了串户路 2 公里。"全寨子 50 户，有 48 户投工投劳修成的"，受访者兴奋地告诉调查员。村民修建了新式烤烟房，分组合用。2014 年，有社会组织投资 3 万元，村民再次投工投劳修起了 40 平方米的村民文化活动室。活动室刚修好后，村民活动会议每月进行两次，主要内容是寨子卫生评比；妇女每周五到活动室唱歌、跳舞，晚上组织苗文培训班。活动持续了两个月，参与的人越来越少，有的甚至得了卫生评比的奖也不去领。周五妇女活动来的人也越来越少，到收烤烟时节就没有人去了。"每家都要先忙自己的事情，不好组织"村民活动小组组长解释道。

20 世纪 90 年代，石门乡还是西南山区最边缘的地区。因为没有路，几乎与外界隔绝。该社会组织项目最早在新龙村进行的社区综合扶贫尝试，时间过去 20 年后，课题组仍然能够观察到它对新龙村社区发展的现实影响。民间参与式小额扶贫项目，是村民用得最多、最认可的项目。

三 "五子登科"靶向扶贫

大规模扶贫项目和资金真正进入这个一类贫困村，是 2015 年 8 月以来发生的变化。石门乡政府把推进脱贫攻坚的方法通俗概括为"修房子、美寨子、增票子、出学子、强身子"的"五子登科"新路子，力图旧貌换新颜。

修房子：包括建设易地扶贫搬迁点、美丽乡村精品特色村寨，主要公路沿线进行新农村建设、土坯房改造。美寨子：指的是建设村级组织活动场所，每村建筑面积400平方米，为农村党组织开展活动提供新场所，服务党员群众。增票子：主要是通过"村委会＋合作社＋十户一体"方式建设产业园区，推动生态畜牧、蔬菜马铃薯种植、中药材种植等产业扶贫项目，以增加收入。出学子：启动校校提升工程，提升中小学教育教学质量。强身子：建好村卫生室，新龙村建民间民族舞蹈队，以体现"优质人居环境"；规划中将建村文体广场，以健全文体娱乐服务体系。①

新龙村一、二组是政府规划中"生态补偿一批"对象。一、二组农户中多为苗族，"苗族风情园"建设成为政府精准扶贫规划的重点，已于2016年年底修建完成。

新龙村与中农发种业集团合作建成种薯扩繁基地5100亩，把马铃薯作为产业帮助农户增产增收脱贫。

贫困山区脱贫与教育是把双刃剑。2014年新龙村唯一的教学点在村民的千呼万唤和多番努力下起死回生。涅槃重生的新龙小学迎来精准扶贫大帮扶，绿化校园、修建围墙、任课教师参加培训等。除此之外，为增强农村劳动力素质，石门乡政府在新龙村组织了马铃薯种植培训课程，威宁县科技局在新龙村进行电子技术和玩具加工培训等。

从社会保障方面来说，依据石门乡政府的统计数字，新龙村2016年有144个低保户，随着生活成本的不断增

---

① 毕申改：《"325"工作法助推威宁县石门乡迈过扶贫"门"跨过脱贫"坎"》，《毕节日报》2017年9月9日。

加，低保金逐年上调，给最底层的农户生活保障。但是低保救助仍然存在很多问题，比如瞄准偏差、帮扶效率不高等。

2016~2017年新龙村精准扶贫资金投入3950万元，仅占石门乡全乡扶贫资金的3‰。新龙村地势起伏，7个自然村组呈三角状分布。其中，新龙村一、二组海拔高，交通条件相对较好。其他5个自然村寨分布在山沟里，居住环境恶劣、闭塞。因此，新龙村农户中存在需要通过易地扶贫搬迁脱贫一批。新龙村喀斯特石漠化严重，曾遭受彝良地震、鲁甸地震等地质灾害的破坏。但是课题组发现，新龙村六、七组生态补偿、搬迁扶贫资金几乎为0，几乎是精准扶贫项目和资金的"死角"。

新龙七组中最贫困的文富贵家，建档立卡分数为全村最低，也是同组村民认为最应该帮扶的家庭。文家有7个子女，19岁的长女、18岁的长子是聋哑人，从未入学。家中有5名在校生，其中，2名初中生，3名小学生。靠地为生的一家人，人均粮食产量338斤。作为低保户，文家6人吃低保，每月712.3元，全家平均每人每月79元，不够生活开支。身患严重风湿病的妻子没钱就医买药，只能捱着。为避免学习优异的第三个孩子辍学，文富贵托亲戚朋友给长女说了门亲事，用彩礼钱替老三交了书本费。听说村里低保指标今年又减少了，文家忧心忡忡，担心被退出。明年如果老三考上高中就必须到至少40公里以外去读书。据同村村民介绍，每年供养一名高中生的支出20倍于一名初中生。而文家因劳动力缺乏、因病、因学难以实现脱贫，贫困代际传递风险非常之大。

由此可见，新龙村通过精准扶贫战略从国家扶贫边缘村成为精准扶贫主战场，这是精准扶贫较以往的进步，值得肯定。但是，为什么最贫困的文富贵没有得到任何的帮扶，这是值得我们思考的精准扶贫过程中的问题。

贫困人口（低保户）识别程序：宣传发动、农户申请、入户调查、评议公示等。但是，在国定一类贫困村，农户申请对很多家庭来说难度较高。农户参与度低，政府脱贫攻坚时间紧迫，驻村干部和村干部实际的做法是所有农户划分片区按年份出列。

从过去的发展历程上看，新龙村是极具发展内生力的贫困村庄。新龙村在教育、修路等方面表现出极强的发展动力和自组织能力，村庄具备治理发展风险的能力。基于新龙村目前存在的问题，提出建议：第一，中央政府统筹精准扶贫的同时，鼓励贫困村庄依靠内生力脱贫，寻求地方发展特色；第二，引导村民在村庄生态治理过程中谏言出策，提高当地村民在贫困治理过程中的参与度；第三，当下的精准脱贫要瞄准可持续的中长期发展。同时，增加贫困人口识别的精准度。

第三章

安居风险治理：茅草土坯房、
　　　　　安置房、生态房

让贫困者享有安全住房，是扶贫效益切实到户最重要的举措之一，在威宁县体现为一系列持续多年的、围绕安居惠民项目的总和。自 2011 年起，威宁县整县推进贫困乡村土坯房改造、危房改造和安居工程，五保户、低保户、困难户和一般户，包括因地质灾害新增危房的农户，都被列为房屋改造的帮扶对象。

易地扶贫搬迁，是政府有计划地将生活在缺乏生活条件地区的人口搬迁安置到其他地区，并通过改善安置区的生产生活条件、调整经济结构和拓展增收渠道，帮助搬迁人口逐步脱贫致富。易地扶贫搬迁根据缘由可大体上分为两类：一类是生态扶贫搬迁，即当地生态环境恶劣或脆弱，极可能威胁人类生存安全，也可能由于人类活动而进一步威胁当地的生态平衡；另一类是一般的生计型的搬迁，即原居住地缺少必要的生存和发展条件。

2016年，政府对全县贫困人口"五个一批"脱贫计划包括：发展生产脱贫一批，易地搬迁脱贫一批，生态补偿脱贫一批，发展教育脱贫一批，社会保障兜底一批。其中，规划测定全县需要通过易地搬迁脱贫的贫困人口有34445人，占全部贫困人口的18%，见图3-1。

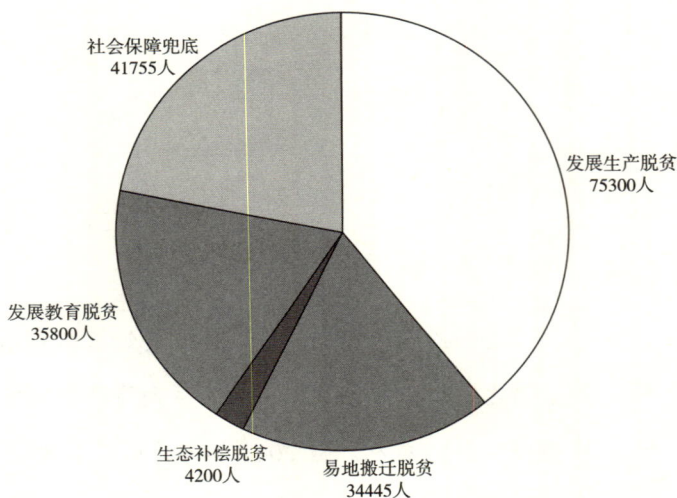

图3-1　2016年威宁县计划脱贫人口规划

资料来源：威宁县扶贫办。

第一节　新龙村易地搬迁安置点介绍

威宁县易地搬迁工程有三个集中安置点，即高潮集镇安置点（现观音山社区）、石门集镇安置点和五里岗工业园区安置点。三个安置点均以贫困人口城镇化为目标，目的是将原本居住在自然环境风险高的人们转为城镇人口。

2016 年，石门乡易地搬迁规划中共有 355 户 1562 人需要实施易地扶贫搬迁，其中 96 户 433 人安置到高潮集镇安置点；234 户 1005 人搬迁到石门集镇安置点；仅有 25 户 124 人安置到威宁县城的五里岗工业园区。新龙村距离三个集中安置点分别是 3 公里、18 公里和 140 公里。在考虑是否要易地搬迁时，原住址距离安置点远近是重要的考量因素之一。

新龙村干部就是否易地搬迁征求村民意见时，村民将易地搬迁理解为未来"要房"还是"要地"的问题。如果不接受易地扶贫搬迁，即为选择了土地。有了农耕地，温饱问题还能够得以解决。如果接受易地扶贫搬迁，就意味着选择了漂亮房子和县政府规划出来的产业，进入工厂上班。村民认为如果离原住址比较近，就能"既有房子又有地"。但到了 2015 年，县、乡政府征集百姓是否搬迁的意见时，并没有任何成熟的产业做出来。县、乡政府的逻辑是"人到了，再规划产业"。村民则相反，"有产业，才搬迁"。如果没有产业，想要接受易地搬迁的农户期望在政府规划产业的时候能回原房址种地，解决温饱问题。

2016 年，政府已经有了一套特别详细、周密的易地扶贫搬迁规划。在这份规划里，对什么样的农户应该搬迁，享受什么样的搬迁条件，甚至在什么时候完成搬迁，什么时候恢复农垦都做了很详细的规划。但对于这些政策的内容，贫困农户并不十分了解。

除易地搬迁工程之外，新龙村还获得大量基础设施建设资金，这也是新龙村在过去的两年从一个生态极差村一跃成为威宁县精品示范村之一的重要原因。新龙村的基础设施建设主要包括修路、修村公所与学校、为村民修房子。新龙村除一、二组外，其他自然村组是政府易地搬迁项目的帮扶对象，因此 2015 年至今，先后有新龙村三组、四组、六组、七组实现了易地搬迁。

新龙村三、四、五组地势最低，至今没有通路。三个村组共 125 户 513 人，分别占全村总户数和人数的 29% 和 31%，三个村组的贫困发生率为 73%。年轻力壮的人从山沟走到通路的地方，需要 1 个小时。2016 年，政府将生活在这里的人口搬迁安置到其他地区，并改善安置区的生产生活条件、调整经济结构和拓展增收渠道。三个村组中有 45 户 192 人实现了易地搬迁，从生态极为恶劣的地方搬到了新修的"城镇化"的安置点。在易地搬迁的过程中，政府和村民各自面临不同的风险，在应对和治理风险时产生了诸多矛盾。

新龙村属高原中山地貌，呈三角状分布的 7 个自然村组地势极差 300 米。新龙村二组是村公所所在地，一、二组已有通村路，是新龙村交通条件最好的。因一、二组村民大多数为苗族，2015~2016 年贵州省政府投入 1200 万元进行农房改造，打造"苗族风情园"，一系列扶贫项目的实施使得这个一类贫困村在县生态办"四在农家，美丽乡村"考核中名次提前，晋升为"生态精品示范村"。

第二节　房屋改造过程中的风险分析

旨在解决村民安居问题的是"苗族风情园"。该项目涉及新龙村一、二组共计 120 户家庭，每家投入 10 万元，每户修建 60 平方米的两层西北民居，由省、县政府统一规划，指定建筑公司到村修建，属于政府统规统建房在房子修建过程中，出现了政府与村民因统建方案理解不一样引起的矛盾、建设完成后县、乡政府与统建方的矛盾等。

与易地搬迁不同，新龙村一、二组的 120 户房屋重建是在村民原来的宅基地上建成的。面积大小依据户籍而定。如果祖孙三代在一个户口本上，那么无论有几口人，一律按一户 60 平方米来算。因此，在房屋改造之前，有没有分户的大家庭家庭都在想办法"拆户"。对于他们来说，60 平方米显然是不够住的。另一方面乡政府及时采取措施限制了村民"拆户"行为。同时，也改善了建造方案：修房面积由原来仅看户口本，改为先看"户口本"再看"家庭人口数"的原则。

但是，房屋改造项目一开始就引起了新龙村村民关于扶贫公平的讨论。首先，房屋改造对准的 120 户是否对新龙村其他组的村民带来相对剥夺感？尤其是新龙村其他村民组没有接受易地扶贫搬迁的家庭。新龙村是国家一类贫困村，村内所有村民都比较贫困。房子作为不动资产，对村民家庭是否贫困的评定具有很大影响。在这 120 户中，贫困户仅有 34 户，占比远低于新龙村贫困发生率。这 120

户基本临近马路，他们已经是 2015 年通村路的受益者。
其次，新龙村一、二组共计村民 136 户，但是获得房屋
改造的是靠路边的 120 户，距离公路和公共设施最远的家
户没有得到这一项目的支持。这造成一、二组村民间的分
化：村民因为"获得房屋改造项目"和"没有获得房屋改
造项目"分化为对"精准扶贫"项目态度对立的两拨人。
没有获得房屋改造的家庭，认为政府这种做法是极其不公
平的，"只做能邀政绩的面子工程"，质疑能不能得到帮扶
主要看"运气"。最后，房屋改造是按户籍上的家庭分配，
而不是按需要或者人员多少分配。有的家庭祖孙三代都在
一个户口本上，有的家庭是新婚夫妇只有 2 人。不论家庭
人口数，都是得到 60 平方米的房子。所以，即使得到帮
扶的家庭也会认为这种做法不公平。

村干部访谈：关于苗寨风情园，老百姓心里不平衡，
肯定有怨（气）。只能怪自家没有天时地势人和，没有在
产业路的边上。新龙村住在通村公路的一、二组基本上每
家都得到了房屋改造的项目。但是，其实新龙村山下的五
个村组可能比他们更需要房子。

县、乡政府与村民就房屋修建选址及房屋设计展开讨
论。关于房屋修建选址，一般是将原房屋拆毁后重新建
造，也有少部分有两处宅基地的家庭，他们会选择在其中
一处进行修建。为了解决原址修建家庭房屋拆毁后的住房
问题，乡政府在野依梁子（山坡空地）搭建了临时居住板

房。2016 年 7~8 月，共有 60 户家庭居住在板房区。每家分得约 20 平方米的独立空间，住宿、日常生活和粮食贮存都在这个狭小的空间里。板房区的边上，在乡政府的资金支持下，村民修建了旱厕，这也是新龙村历史上最大的旱厕，超过了学校厕所。虽然是旱厕，但较之前很多家庭"没有厕所"的情况改善了很多。

为了打造"苗寨风情园"，省住建局担纲房屋修建设计、规划，村民并没有参与其中。总体说来，村民对新建房屋非常满意。有些村民表示"苦了一辈子，没想到住上了小洋楼"。"小洋楼"是新龙村民对新修房屋的亲切称呼。

房屋修建却对村民农业经营带来了粮食贮存问题。实际上新龙村传统的粮食贮存在过去几次房屋改造过程中都遇到过。众所周知，新龙村民传统的居住方式是茅草房。茅草房分为两层，中间使用竹子或木材作为隔断，分为上下两层。一般情况下，一层为人们居住的地方，二层贮存粮食。乌蒙山区冬季阴冷寒潮，粮食贮存首先要考虑是否会发霉变质。一般情况下，新龙村民在一层烧柴做饭，温度上升驱除上层阴潮，保证粮食贮存质量。茅草房改造（2010~2012 年）、危房改造（2013~2015 年）以及房屋改造（2016 年）都将原有的竹草结构变为石灰结构，这也就瓦解了原来的"炕粮食"的习惯，村民不得不再寻找其他粮食贮存方法。地处高寒地区，新龙村一年只收获一季粮食。

2017 年，新龙村仍有 14.89% 的受访家庭存在因缺粮而挨饿的情况。这也就是说粮食储存是保证吃饱的前提。因此，新龙村民希望政府危房改造时能够考虑到当下村民农业经营和日常生活习惯，不能一味地追求美观，而给村民的日常生活带来困扰。

调查员笔记：村民张大哥被委以重任，给大家做晚饭。他用电磁炉不太熟练地翻炒着。原本家里都是他妈妈负责炒菜，但妈妈不会使用电磁炉就只好由他来烧菜。他在房间的西侧炒菜，因有油烟，中途又搬着电磁炉换到了窗子边。这一幕让老王老师看在眼里，他说住在新房子里不如在茅草房里，炒菜做饭通风透气，是天然的"吸油烟机"。饭后，老王老师和张大哥提议去茅草房里烤火去，他们认为在茅草房里暖和、透气。

新龙村房屋改造的组织方式并没有借鉴以往以工代赈或鼓励村民参与其中的方式，而是由政府指定六盘水某建筑公司。建筑公司为了节省修建成本，在当地以口头协议的方式雇佣村民加入房屋修建队伍中去。建筑公司在新龙村发展出"二包工"，"二包工"是村民小组的组长，在当地有一定的社会威望，能够较好地组织村民进行生产建设。基层政府对此的态度是既不鼓励，也不反对。新龙村房屋修建在一定程度上减少了当地外出务工人员，"在家务工"的妇女越来越多。村民给建筑公司打工，80~120元/天。但是，除工钱外，村民并不享受任何的医疗保险或工伤保险。在为期一年的房屋修建过程中，发生了2起村民工伤事故。一起事故中，村民文某（男）从横梁上摔下来，摔断了腿。另一起为村民张某（男）在粉刷墙壁时被高空坠物砸伤头部，昭通市某医院认定其为判定为中度脑震荡。但是，村民与建筑公司没有签订任何形式的劳动合同，村民在工伤发生后就变得极其被动。

乡政府与建筑公司之间的风险管理：部分新龙村民在2017年初搬进了新房屋，但是，约1/3的家庭在2017年8月仍然没有搬进新房屋。原因是一方面省住建局没有下派机构进行房屋验收，乡政府也没有按时支付建筑公司修建房屋尾款；另一方面，新龙村要拆除板房，导致有些家户没有地方居住。不同层级的政府和建筑公司在项目进行过程中，都有非常敏锐的风险感知，也都有一套有力的风险防控行动。在政府和建筑公司博弈中，最后村民成为所有风险的承担者。

村干部："苗寨风情园"的项目是没有通过验收的。别人从外面路过看到房子，认为新龙村民日子过得非常好。但是，如果下雨天，仍然没有下脚的路。与房子配套的产业路没有修好。除了产业路的问题外，就是这120户的房子中有些是没有验收的，有些是政府与建筑公司在资金拨付方面发生了矛盾，但是最后还是老百姓来吃这个苦头，老房子被推了，新房子进不去，只能在板房里凑合着住。

图 3-2　雪日的茅草土坯房（改造前）

（杨欣萌　摄　2015 年 1 月）

图 3-3　"苗族风情"生态精品房（改造后）

（杨欣萌　摄　2017 年 6 月）

有了新房后村民的生活成本提高了，购置家电，每个家庭大约需要支出 1 万元。县、乡政府不建议在新房内延续之前烧柴取暖、做饭的方式，因此，村民需要购置电磁炉和用电取暖设备。除此之外，村民还要额外负担相应的电费。

据调查，经过易地搬迁和房屋改造后，农户对住房满意度依旧不高，仍有大半农户对自己的住房非常不满意或是不太满意。受访户中有 57.89% 的人对目前生活不满意，有 7.53% 的受访户认为目前的生活比 5 年前还差。

第三节　易地扶贫搬迁的风险分析

如上文所述易地搬迁是指当地生态环境恶劣或脆弱，极可能由于生态环境条件不好而威胁生存安全，也可能由于人类活动而进一步威胁当地的生态平衡，将这样的人口搬迁安置到其他地区，并通过改善安置区的生产生活条件、调整经济结构和拓展增收渠道，可以帮助搬迁人口逐步脱贫致富。新龙村三、四、五组生态环境恶劣，通村泥路在下雨天无法行走。石门乡成为省级扶贫联系点后，乡政府与村干部开始走访危房住户，劝说他们从深山沟里搬出来。但其实早在精准扶贫项目进入时，新龙村村干部就开始在祖基征求村民的搬迁意愿。当时大多数村民保持观望态度，要不要搬，需要慎重考虑。如果搬，就意味着脱离土地，放弃种地，开始从事非农生产。如果不搬，就要继续在穷困的山沟里，种地勉强维持生活，但是子女正常接受教育等都是问题，还有可能持续遭受自然环境恶劣带来的风险。

易地搬迁项目很快推动起来。通过乡政府及村干部多方努力，2016 年新龙村共有 45 户（占三组、四组、五组总户数的 36% ）全部选择搬到了高潮集镇生态移民安置点。具体搬迁户数、人口数情况如表 3-1 所示。

表 3-1　新龙村易地搬迁户数、人数和贫困人口数

单位：户／人

村民小组组别	迁出户数	迁出人数	其中贫困人数
新龙三组	14	62	62
新龙四组	4	17	14
新龙五组	5	19	19
新龙六组	16	74	53
新龙七组	6	25	14
合计	45	197	162

资料来源：新龙村干部统计数据。

按照威宁县易地搬迁规划，新龙村民有 3 个安置点可以选择。一是高潮集镇生态移民安置点，距离新龙村祖基 4 公里，飞姑 7 公里（步行）/15 公里（车路）。二是石门乡集镇生态移民安置点，距离新龙村村公所 18 公里，离飞姑、祖基保守估计超过 20 公里。三是位于威宁县城的

图 3-4　观音山社区易地扶贫搬迁安置点简介
（杨欣萌　摄　2016 年 8 月）

五里岗工业园区，距离新龙村150公里。几乎所有要搬迁的村民考虑搬到高潮集镇安置点，主要是安置点距离他们原住址、联产承包土地很近，这也就意味着在易地搬迁之后，村民仍然可以耕种。

高潮集镇安置点，后来被改称为观音山社区易地扶贫搬迁安置点，距离乡政府驻地16公里。根据规划，搬迁安置户数共96户433人，其中贫困户65户285人。高潮安置点总面积14775.25平方米，其中住宅面积12017.73平方米，商业建筑2757.52平方米。该安置点总投资2598万元，其中住房投资1752万元，配套基础设施投资846万元。除此之外，政府承诺易地搬迁之后建立"生态易地搬迁配套产业"，依托高潮村中药材种植示范园，搭配观音山蛋鸡产业，助力因搬迁失地的人们走上产业化的致富路。

在乡政府规划搬迁安置的96户433人当中，蛋鸡产业园务工76人，占17.6%；中药材基地分红212人，占48.9%；光伏扶贫电站分红83人，占19.2%；集贸市场解决就业28人，占6.5%；公益性岗位解决就业12人，占2.8%；微型工厂分红20人，占4.6%。所有人都在"规划"中就业，但实际的结果并不如此乐观。

易地搬迁工程在实施过程中遇到了诸多社会问题。以新龙村三组刘家为例。刘家原来居住在青龙山山坡上，不通路，也不通水，只能靠天喝水、吃饭。刘家有三口人，刘氏夫妻和他们的智障女儿。自2011年起，刘家一直是村里的低保户。刘大哥身患残疾，不能干重活，下地劳作也导致他腰肌劳损。刘大嫂是家里唯一的健全劳动力。刘家耕作劳动力少，加上女儿需要常年看病，因此，刘家夫妇商量后达成一致：从深山里搬出来。刘家是比较典型的易地搬迁户，他们的生活在搬迁后发生了巨大的变化。

首先，在搬迁之后，刘家拿出了 1.2 万元添置新家具，包括电视、衣柜、沙发和茶几等。按照乡政府的统一规划，每个搬到生态安置点的家庭都要购买新的家具，家里原来的旧家具不准带入新房。关于新家具购买，乡政府为每户补贴 2000 元，农户自家出 10000 元。原本贫困的刘家，靠积蓄和亲友借款才凑够 1 万元。易地扶贫搬迁的目的是将生态脆弱区的贫困户迁出来，迁到生态好、就业环境也能够脱贫的地区。但实际上，这样的操作也给贫困户带来了债务。

其次，搬迁之后，农户并没有获得规划中的就业支持。高潮集镇安置点在 2017 年 8 月没有建起蛋鸡产业园，光伏扶贫电站的收益周期在 3 年以上。农户没能如期获得就业和增加收益，反而因搬迁与购置家具，搬迁户负债情况愈加严重。刘家因是低保户，得政府帮扶，刘大嫂才能到中药材基地帮工，农忙时每个月忙 20 天左右，一天 80 元钱。即使刘家不吃不喝，收入也无法还债。"不能坐在新房里饿死"，刘大哥为了偿还债务，在 2017 年 4~9 月奔波于新房与老房之间，他每天晚上回新房居住，白天走 2 个小时的山路回到山沟里耕作。时间长了，本就没有劳作能力的刘大哥腰伤复发，救治腰伤花费 2000

多元。

最后，搬迁之后的耕地"复垦"工作进行困难。2017年11月乡政府认为新龙村民完成了生态易地搬迁，要进一步拆除老房，捣毁土地，退耕还林。自8月起，乡政府强制断电，强迫村民离开原居所。但是，新龙村的45户村民非常反对县、乡政府"摧房倒地"。一时间矛盾激化。生态安置点产业缺失使易地搬迁的农户依赖原来的土地。同时，易地搬迁带来了额外的搬迁成本，一半以上的家庭"因搬致贫"。课题组接触到了45户易地搬迁中的26户，其中有18户明确表示"后悔搬迁"或"不如不搬"，"房子是比以前好了，但吃什么？"

2017年底，石门乡政府完成了所有生态易地搬迁户旧房的拆除工作。生态易地安置点一排排漂亮的楼房展示着新农村、新社区生态治理成绩。但是，这样的生态治理成绩的代价是将农民对土地的依赖强行切断，原本因生态问题发展困难的家庭"因搬致贫"，可能会比以前更担心吃不饱的问题。也就是说，经过易地扶贫搬迁后，新龙村45户的住房条件得到了改善，居住危房和面对恶劣自然环境的风险降低了。但同时，因搬再致贫的风险也提升了。在政府的项目扶贫计划中，这些搬出户已经获得了大量的项目支持，拿到了几项扶贫项目，搬迁后即脱贫。实际的"因搬致贫"还未来得及进入政府的扶贫体系中去。

第四节　安居扶贫的风险治理

　　住房风险是贫困地区的常见风险之一。长期以来，基层政府致力于贫困村民的住房风险治理。石门乡政府曾在新龙村推进贵州省规划的危房改造、茅草房改造和房屋改造项目，如今同时推进了房屋改造和易地扶贫搬迁项目。需要解释的是，房屋改造是直接针对村民的住房项目。新龙村苗寨风情园建设就是以改善村民的住房条件及社区其他基础设施为目标的项目之一。易地扶贫搬迁的目标则是将贫困村民从生态脆弱区搬迁出来，到就业环境、交通便利的地方生活。但不能否认的是，易地扶贫搬迁也直接改善了村民的住房条件。

　　据观察，新龙村村民的住房条件在2016~2017年提升了很多。这一年，120户家庭进行了房屋改造、45户进行了易地搬迁，但是仍有57%的受访户对住房不满意。他们中有38%是危房，11%为茅草房。关于与住房配套的入户路，67.37%的受访户表示自家门前为泥土路。

　　根据课题组与村民的访谈，大多数村民还不知道新龙村是县级生态精品示范村，也不清楚怎么被评为"生态精品示范村"了。但大多数村民猜测与新龙新建的漂亮房子有关。实际上120户有新房的家庭，有些家庭搬进了新家，其余的家庭因为政府与建筑公司没有结算清楚没能进入新房居住。

　　两种不同的扶贫项目对住房条件的改善和对贫困户的

帮扶是不同的。总体上说，通过对新龙村房屋改造和易地扶贫搬迁的回顾，对比改造前后和搬迁前后，可以总结和归纳出政府、村民在住房风险治理过程中的行为规律和问题。

首先，住房项目主要由政府主导、组织，自组织能力很强的村庄无法参与其中。

成为省级扶贫联系点后，石门乡迅速变为一个"大工地"。基础设施等生态建设项目完全由政府统规统建，"政府＋建筑公司"的模式很快在石门乡推广起来，产业路、房屋改造等项目也快速完成。在调查中发现，基层社会很难参与到其中。以新龙村民陈某为例。陈某自 2010 年起辗转在云、贵地区打工，一直做建筑工。2015 年，陈某已经成为石门乡外出打工建筑队的"包工头"。当他听说家乡在搞生态建设，就马上和兄弟们回到家乡。但让他们大失所望的是他们并不能如愿地投入家乡建设中，甚至政府帮扶修的自家房子都无法插手其中。

实际上，从新龙村历史上看，他们自组织房屋建设、住房风险治理和社区生态能力很强。2016 年，课题组在石门乡贫困村进行的 270 份随机问卷调查中发现，过去 5 年间，石门乡村民自组织进行了修路、修教堂和修学校等基础设施建设，还组织了文娱活动和苗文培训班等活动，进行自然生态和人文生态建设。调查数据显示，新龙村有 65 人参加修路活动，占被调查人群的 1/4。新龙村民曾经在外来社会组织的资助下，进行教学楼修建。在过去 10 年里，石门乡村庄生态与发展活动的主要组织者是村民，

90%的活动由社区精英、小组长组织等，6%的活动由学校的教师组织，只有4%的活动是在乡政府的领导下完成。这些数据证明，贫困村民有能力、有条件组织生态建设。社区有着极强的自组织能力，他们善于开放地获得整合资源和帮助，而政府主导的生态风险治理是封闭的，贫困村民难以参与其中。

新龙村民有住房风险治理的能力，但却被"政府＋建筑公司"合作的方式排斥。如果给予穷人权利，政府应该借鉴以工代赈的方式，鼓励村民参与到住房建设中去。参与内容主要包括房屋建设规划、设计和实施工程等。同时，村民的参与也应该包括政治参与、监督建筑公司等。

其次，住房基础设施项目周期短，对资金依赖过强，缺乏可持续性。

新龙村所在贫困乡成为贵州省领导扶贫联系点后，密集的扶贫资金和扶贫工作人员、施工团队进入村庄，两年后省级相关领导因工作调动离开贵州省，贫困村生态建设受到相应影响，进度有所减缓。表3-1汇总的是省政府办公厅2017年在新龙村进行的生态扶贫项目，扶贫资金预算3600万元，其中包括上文中村干部提到的产业路、房屋改造和广场建设等。这些项目皆因原省领导的离开而处于半停工状态，无法正常进行。基层政府和建筑公司、建筑公司和村民、基层政府和村民之间也因此矛盾丛生。

表 3-2　新龙村生态扶贫项目（2016~2017）年

序号	项目名称	周期	项目用途	扶贫资金预算（万元）	2017年底完成与否
1	苗寨风情园	1年	120户农房改造	1200	是
2	美丽乡村建设	1年	78户房屋及基础设施改造	2400	否
3	产业路	1年	全村产业路建设	750	否
4	广场建设	1年	800平方米文化广场建设	300	否
5	饮水工程	1年	180户人畜饮水	150	否

资料来源：新龙村村干部访谈。

村干部访谈："产业路""房屋改造"都是很好的政策。但是，我们老百姓却不敢相信。政府做的事情都是只在乎表面，什么都讲究配套，而不讲究实际需要。作为村干部，我们既不敢做，也做不到。原本乡政府承诺村里为"三级自治"修公共场所，自管委（办公室）修建是已经启动了，但是上面（指政府）拨下来的只有启动资金。我们村干部已经跟老百姓换好地，做了协调了，突然相关领导一换，钱可能就不到位了。现在，村干部都在想（等待）尾期款什么时候能下来，好去兑现在老百姓那里的承诺。

图3-5　搁置在公路边的通水管道

（杨欣萌　摄　2016年8月）

图 3-6 农户家厨房因没通水变为置物间

（杨欣萌 摄 2016 年 8 月）

石门乡是威宁县水资源极度缺乏的乡镇之一。村民"望天吃水"，吃水靠人背马驼，后来有些贫困村依靠政府帮扶和社会组织捐款修建水窖，雨天储水。但这种水极不卫生，储存时间长了水里会生虫子。因此，新龙村村民对安全饮用水的需求非常迫切。

中央及省政府 2016~2017 年在石门乡的新龙村等 6 村投入 1281.6 万元修建农村供水工程，新龙村因村组分布广、村民居住分散和"苗寨风情园"建设，对农村供水工程的需要更为迫切。省政府、乡政府承诺房屋改造和易地搬迁农户"入住新房时，水、电、气全通"，而据课题组 2017 年的问卷调查显示"90% 的受访家庭没有安全引用水，大多数家庭引水困难，取水往返至少半小时"。投入了资金，却没有看到扶贫效果。

石门乡政府原计划开发域内河流，接通管道到农户家里。如图 3-4 所示，2016 年，"家家通水管"工程的"水管"很快就出现在石门乡内的每一条主干道上。2017年，课题组跟踪调查"家家通水管工程"，部分地面上的通水管道已经埋到 0.5 米深的地下，有些地方山层坚硬无法埋进土里，只好放弃。但是，作为通水工程重点建设的新龙村在年底并没有如愿通上水，原因主要有以下几点：一是 2017 年降雨量极少，域内河流储水不足；二是新的通水工程没能进村，旧的储水窖因埋新的通水管道被破坏了。

> 村干部访谈：我们现在还需要几根管道，这样才能大面积走到新龙村。现在村里还有许多地方通水管道根本没有走到，当然这些地方本身就很难去到，但是政府也应该为那些生活在比较恶劣条件下的居民提供安全饮用水。
>
> 现在的情况是，吃水依然要用背，一点儿一点儿地背。我们知道，不期望（通水管道）一点儿水都不背，那是不可能的。但是，我们会考虑我背水的时间和距离应该是在缩短的，实际上这个工程增加了我们耗在背水上的时间和精力。新龙有 7 个村民组，现在有 5 个村民组的通水管道安到半路就安不下去了，直接扔在山上，就有村民说道：这样的通水管要是能用就见鬼了，冬天肯定要冻的，怎么可能还会通水？更糟糕的是，新龙村三、四、五组因为这个饮水工程破坏了原来的取水源，村民不得不想办法到更远的地方去背水。

图 3-5 呈现的是搬进新房子的农户厨房。地方政府原

本设计农户家里厨房能"家家通水"，改变农户烧柴做饭的传统，打造现代厨房。但是，这一设想没能实现，变成了"家家通水管"，农户买来的厨具也没能派上用场，厨房变成了置物间。

第四章

教育扶贫：贫困村小绝境逢生

贵州省西北边陲的威宁彝族回族苗族自治县，历史上，中西文化在此融合并带动了民族教育的兴盛，该地成为"西南苗族文化的最高区"，百年民族教育的兴衰为当地留下了丰厚的遗产。21世纪前后，威宁县教育取得了进展，但是民族教育发展也面临诸多困难。贵州省政府2009年提出，突破高中阶段教育发展瓶颈，突出中等职业教育重要地位，发展职业教育，调整高等教育布局，优化职业教育、高等教育学科结构①。威宁县编制《威宁县2010~2020年教育发展规划纲要》、《威宁县"十二五"教育改革和发展规划》、《威宁自治县义务教育均衡发展实施方案》等，明确了县教育发展目标。

① 《贵州省中长期教育改革和发展规划纲要（2010~2020年）》。

威宁县政府的教育事业目标是：到 2018 年，100% 的义务教育阶段学校各项指标达国家、省规定的基本均衡发展标准。为达到这一目标，中央、贵州省、毕节市和威宁县教育部门持续做出了多方面的努力。威宁县的在校生结构近 10 年（2008~2016 年）发生了较大变化，主要体现在高中生和职高生占比迅速提高。由于应入学儿童人数逐年降低，小学在校生人数规模逐步缩小。同时，与全省做对比，威宁的适龄儿童入学率和高中毛入学率差距很小。2016 年，威宁县的义务教育巩固率已经高于全省平均水平。

第一节　从传统风险到现代风险：村小艰险求生路

20 世纪 80 年代中期，中国展开第一次较大规模的农村中小学布局调整，旨在优化教育资源配置，让适龄学生受到更优质的教育。但是，这一政策，在从上到下的传递过程中，被地方政府单向度地解读为强化集中办学和规模效应，为了节省教育运作经费，单一地实践成撤点并校。1990~2015 年，全国共有 575547 所小学消失。其中，1990~2014 年，农村普通小学数量减少 556900 所，也就是说，在过去的 25 年里，平均每天有 61 所农村小学消失。撤校后学生上学距离平均变远 4.05 公里，安全隐患增加；住宿生的平均年花费为 1157.38 元，成为农村家庭的额外开支。

2012 年 9 月，国务院办公厅下发《关于规范农村义务教育学校布局调整的意见》，首次明确提出"坚决制止盲目撤并农村义务教育学校，暂停农村义务教育学校撤并"。但是，地方对这一"急刹车"政策的实施并不规范。2016 年 9 月，教育部办公厅下发《关于农村义务教育学校布局调整有关问题的通报》，再次强调地方撤并学校要进行公示、听证和多方征求意见，"坚决制止盲目撤并和强行撤并"。尽管如此，撤点并校已然成为普遍现象，仍然有学校在无声无息地被撤并，学生及家长不得不为学校被撤并买单。

一　新龙小学撤点并校风波

2014 年 8 月，秋季学期开始，课题组在新龙村看到奇怪的一幕。在宽敞明亮的教学楼前，两位退休老教师在学校操场的坝上，指导学生或趴或坐地练习生字。在他们身后两米远矗立着的宽敞明亮、教学设施齐全的教学楼却被锁得死死的。奇怪在于，明明有很好的教室，老师和学生却不能用？原来，石门乡教管中心打算撤掉这所小学。

石门乡教管中心决定撤掉新龙小学的理由非常充分：全乡师资力量过低，根本不够为每一个教学点配备教师。新龙小学与其他教学点相比，学生数量少，学校设施不全，而且学生成绩常常是石门乡 11 个学校（教学点）的最后一名。因此，教管中心认为让学生去教学条件与师资力量更好的中心校读书既能优化全乡师资配置，又能让学生接受到更好的教育。

但是，这一决定遭到新龙村民的反对。村民认为新龙村留守儿童多，去 5 公里外的中心校读书，交通风险重重。新龙小学教学设备齐全，撤并后会浪费。村民认为新龙小学学生成绩不够好，归因于没有双语老师。新龙村是村民创办的，学校是"村里的"学校，不是"教管中心的"学校。新龙村有两位退休教师义务任教。

石门乡教管中心决定撤掉新龙小学后，由管理新龙小学的中心校落实。中心校校长到新龙小学召开了"撤校动员大会"，让参会的学生家长在《撤点并校承诺书》上签字，否则"学校没了，学生的学籍就会出问题"。大多数家长在并不了解的情况下签字，担心孩子没有学籍，影响以后升学。随后教管中心将新龙小学的教学设施运到中心校，封锁了所有的教室。

散会后，学生家长在一起讨论越发了解到事情的严重性。于是，在教管中心封锁学校时，自发组织到学校操场反对教管中心的做法。新龙与石门乡教管中心进行了有理有节的辩论，让两位退休教师带着学生在操场上坚持上课。村民选出代表到石门乡政府表达留住学校的诉求。在苦等一个月后，石门乡政府没有任何回复，乡教管中心仍然坚持撤掉学校。

新龙村民看到与石门乡政府与教管中心辩论并没有效

果，就决定到威宁县教育局"上访"。义务支教的两位老教师和新龙村三位老教师起草了《新龙小学撤点并校情况汇报》，申明留住新龙小学的必要性及撤掉学校做法不符合政策及可能带来的危害，请求教育局能够恢复新龙小学办学资格。学生家长及大多数村民都在这份情况汇报后签字、按手印，表达他们留住学校的意愿。村民们商讨选出两位村民代表，集资路费和少量伙食费，请代表们带着《新龙小学撤点并校情况汇报》和"集体签名书"到威宁县教育局"上访"。

两位代表长途跋涉到了威宁县城，在县教育局门口徘徊了几天，终于弄清楚了要到哪个部门申请情况。找到该部门负责人之后，两位代表说明来意并将《新龙小学撤点并校情况汇报》拿给"领导"看，陈述两位老教师带着学生在操场上读书的凄惨。教育局"领导"表示会调查此事，让村民代表回村等消息。

村民代表回村后，乡教管中心到新龙小学看过老教师和学生的上课情况。终于在威宁县教育局"实地考察"后，新龙恢复办学。新龙得以小学恢复办学后，石门乡教管中心仍派过来一名新入职的特岗教师，在两位老教师的协助下开班授课。

2015 年 1 月，新龙小学按期参加石门乡统一期末考试，并在两天后召开恢复办学后的第一次学生家长会。这次会议 150 人参加、持续四个小时，村支部书记、学生家长和村民代表依次发言。从他们发言的内容可以看出，这次会议已经超出了教育的范畴，他们从学生成绩、教育发展讨论到村庄发展大计。此后，新龙村在校大学生也利用寒假时间给小学生补课，新龙村民利用假期组织为期45天的苗文培训班，并在春节期间组织了"庆新春，全民运动会"。村民守护学校，学校激活了村庄。

2015年8月，大量扶贫资金与项目进入。因此，全乡教育资源布局重新规划。石门乡教管中心与教育领导小组协商达成一致，将包括新龙小学在内的三所苗寨教学点规划为"婴幼儿双语教育示范点"，允许新龙小学办到三年级，实施双语教学。新龙小学搭上了扶贫政策便车，从一个即将被撤并的村小转而变为重点规划的示范点。

二 新龙小学历史回顾：多灾多难多坚强

1958年，新龙小学初建。当时所属乡域内，新龙小学是第二个建校的村级小学（教学点）。比新龙小学建校早的是年丰小学（教学点）。没建学校之前，新龙村学子去上学要翻过野依梁子，大约18公里的山路。下雪的时候，连初中生都要走三个小时。可能是路途遥远，加上整个石门乡受自主办教育的影响，新龙小学得以建成。

1959~1961年三年自然灾害引发全国历史上最严重的大饥荒。新龙小学当时以新生之姿存活下来，但也是受尽困窘的涤荡。"路有饿殍"的年代，依旧有人在求学。这个新生的小学是如何在极度贫困下求生的，新龙村民为维护这间新生的小学做出怎样的努力都值得我们深挖。新龙小学建校以后对新龙社区教育、新龙社区产生怎样的影响？

风雨相伴的新龙小学在 1970 年遭遇停办。"文化大革命"期间，受国家整个大环境影响，学校出现红卫兵造反，他们不读书反而站出来批斗老师。闲置的新龙小学被村干部以私人资产卖出这并非村民所愿，但村民想到既然买卖已成，也无法再收回，只好另找其他的地方恢复新龙小学。

在极度贫困的时期，恢复小学并不是一件容易的事情。张国辉老师回忆说，最先开始的是选址建学校，希望能给老师和学生们一个能遮风挡雨的地方。但是，重新建房又是不可能的，就算村里所有人都集资也拿不出修房子的钱。村里有一家朱姓，家有一间闲置的牛圈可拿出来当教室，但也需要重新修葺房顶、清洁后才能使用。校址定下以后，村民很快地开始割草、和泥，将原来漏风的牛圈整修好。在回忆这段时光的时候，张国辉老师特别地提到，当时只叫了家里有学生的家长，但没想到所有村民都来了。

一间牛圈教室终于修好了。开班上课的时候才发现，尽管他们把原来的一间牛圈扩大了，但 29 位学生也使教室空间不足。桌椅板凳也没有，本来交待学生从家中自带桌椅，但后来因为空间不够大，学生又自觉地将桌椅带回家了。老师站着上课，学生站着听课，需要写字的时候，左手就是他们的"课桌"，站在墙壁周围的学生有福气，他们有平整的茅草可以靠一下。但学生们又是极为体恤修房者的，他们也不敢使劲靠向墙壁，生怕劲使大了，整间茅草房都坍塌了。课题组注意到，在 20 世纪 70 年代，现在的中心校高潮学校刚建成。当时，新龙小学的学生数量要比高潮的学生数量要多得多。在五十年的变迁之后，高潮小学成为高潮中心校，招收九年级及其以下的学生；2014年秋季学期，高潮中心校包括学前班在内共有学生 683 人，有 179 名初中生寄宿在学校。而新龙村却面临撤并，加上学前班共有 42 名学生。是什么原因造成高潮学校学生越来越多，新龙小学学生越来越少？或者在这五十年的变迁过程中，两所学校的学生数量都是波动变化的？高潮学校之前也有被撤并的风险，高潮学校是如何存活下来又继续发展的？

新龙村民找张国柱老师来给学生上课。张国辉老师不会教书，受村民所托，成为新龙小学的负责人。新龙小学在牛圈里所有的办公开支都由张国辉、张国柱和王正祥老师"你拿一点，我拿一点"凑出来的。王正祥老师奉献的最多，因为当时只有他是公办老师；虽然他并不在新龙小学教书，但是他愿意为家门口的小学出力。张国柱老师当时没有政府或教育局发的工资，他的工资就是苞谷。每个来上学的学生要交两升苞谷当学费。当时的苞谷 4 角钱一斤，即每个学生交 5 元 6 角钱就是全年的学费。张国柱老师的工资就从这些苞谷里出。

1975 年，基层政府接管新龙小学。

1996 年，退休军人张三川任新龙村支书，想为新龙村学生修一间像样儿的教室。从乡政府那里申请来 3000

元钱，买了钢筋和水泥。村民投工投劳修起了教室。张三川回忆当时新建的教室时，脸上满是自豪，"当时年轻气盛"。新龙村一到五组每个家庭出一方石头，飞姑村民来打板。于是很快，新龙村在村民的努力下建起了崭新的新龙小学。这又是一个村民自组织建学校的过程。

据建筑评估者说，这座楼成本最起码也要 50 万元人民币。其他的，也是新龙村村民一点点背来，又一点点搭建起来的。

第二节　为村童鞠躬尽瘁的山村教师

（代课）教师是贵州省贫困教育的脊梁。在贫困面前，一代又一代的山村老师前仆后继，为村童鞠躬尽瘁。

表4-1　新龙小学历任教师统计

时间	负责人	教师	班级	学生数量（人）	教师待遇
1958 年	陈顺德	陈顺德	一年级	40	创办学校，教师没有待遇
1959 年	张国安	张国安	一～二年级	50	教师没有待遇
1963 年	张文毅	张文毅	一～二年级	50	生产队记 12 工分
1970 年	张国柱	张国柱	一～二年级	60	生产队每月 3 元工资；400 斤粮 / 年

时间	负责人	教师	班级	学生数量（人）	教师待遇
1970~1972 年停办两年					
1972 年	张国辉	张国柱	一~二年级	60	生产队每月 3 元工资；400 斤粮 / 年
1987 年	张国柱	张国剑	一~三年级	80	张国柱 91 元 / 年；张国剑 60 元 / 年 + 每生交 7 斤苞谷
1998 年	张国剑	赵 翔 杨大聪 朱玉勤 杨德华 黄俊仓	一~四年级	138	每位代课教师 100 元 / 月；
2001 年	金伟	朱玉勤 杨德华 杨大聪 赵 强	一~四年级	120	代课教师 100 元 / 月；公办
2003 年	朱玉勤	赵 强 陶建义	一~三年级	60	代课教师 100 元 / 月
2010 年	张国剑	肖安林 陈 鹏 王灵建 陶建义	一~四年级	87	代课教师 550 元 / 月 公办教师 3000 元 / 月
2012 年	肖安林	杨华安 王佑辉 张国剑	一~四年级	60	代课教师 550 元 / 月
2014 年	王灵剑	王正祥 张国柱	学前班 一~二年级	51	代课教师 1000 元 / 月 特岗教师 4000 元 / 月
2017 年	王灵剑	张国剑 周再伟 陶建义	学前班 一~二年级	80	代课教师 1000 元 / 月 公办教师 6000 元 / 月

资料来源：杨欣萌根据老教师口述整理。

表 4-1 是新龙小学建校以来，在新龙小学任教的所有老师及其工资和待遇。由此可见，是一代又一代教师的鞠躬尽瘁，才使新龙小学得以维系。

一 张国辉老师：山乡"盗火者"

图 4-1　张国辉站在石门乡新龙小学前，他是这所小学的创办人之一
（沈红　摄　2007 年）

1958 年，石门乡新龙村建校，村人自办。彼时张国辉在黑土河镇新华小学读书。1970~1971 年，新龙小学停办。1972 年秋，血气方刚的张国辉与关心教育的村民张国俊、陶开富、张文毅、王正祥找到县文化教育局，征得同意后，重新开办新龙小学。教育局要求课程、课本全部遵循国家统一的教材大纲要求，考试由中心学校统一出题。1972~1975 年，学校先从一年级开始办，一年一个班。至四年级后，部分学生转入别处读书。学生始终维持在

40~50人。

如前文所述，建校之初，学校借用了一个乡亲的牛圈作为校舍，后来在家长的帮助下盖了一间茅草房。一年级小学生每学期交纳2升苞谷，二、三年级小学生每学期交纳3升苞谷。这些苞谷充当了代课教师的"工资"。这所由张国辉重新创建的学校，风雨飘摇，维持到现在，依然是由两位代课教师来维系着它的存在，使得村里的孩子们可以就近入学。

随着岁月的流逝，张国辉拥有了越来越多的身份。他是石门乡政府办公室的老秘书；他是乡邮政代办所的邮政代办员，为全乡老老少少分发报纸，传递亲人信件、财物；他是乡里的气象监测员，观测记录降雨量；他是贫困社区教育支持网络（助学网）的助学委员，每学期收集整理全乡各个学校需要受助的贫困学生资料，翻山越岭去发放助学金，有时下雨山路湿滑，老伴不放心他，便要随同前往；他是社会各界各种资金援助的代收人，大家都信任他，钱都寄给他，他也就不得不往返县城-乡镇-村寨之间，带着"巨款"，把爱和温暖送到各处。他还被戏称为石门乡的"文化部长"和"外交部长"。因为凡到访石门坎的外乡人，无论教授学者，抑或游人过客，要想了解石门的昨天今日，要想知道石门的沟沟坎坎，每处残垣断壁里的故事，必然要找他。他会有声有色地讲述石门坎那些被考证的辉煌，和那些散落山野的传说，其间有他对家乡炙热的爱与深深的痛惜，有他对历史独特的解读和对未来殷切的期望。

石门坎的地位曾经因为教育的助力登上过巅峰，张国辉也为了延续教育的命脉贡献过自己的力量。多少年来他仍不遗余力地协助助学网，挽留每一个濒临辍学的孩子，挽留每一个清贫的代课教师。多年以后，可能人们记得他，可能人们会忘记他，但每个被石门坎触动心灵的人，或许耳边都曾有他天马行空的声音；每个得到帮助的孩子和老师，或许都因他的传递才得以平安地完成学业。

张国辉老师于 2019 年 12 月 30 日离世，依照当地风俗和他的遗愿，安葬在新龙小学背后的山脊上，看着新龙小学培育一代又一代学生。

二 朱玉勤校长：英年早逝

朱玉勤老师是乌蒙山区大山深处一所村小新龙小学的校长，代课一生，逝世时年仅 47 岁，头发已经花白。2010 年 6 月课题组沈老师收到朱老师之子海源的来信：

> 今天我要告诉您一个不幸的消息，我的父亲已于今日零晨 1 ：49 不幸离世。我们没有能力留住我的爸爸，但我很欣慰他一直是那么坚强，我更欣慰一直以来在挽救他的生命之中有你们的支持和帮助，也非常感谢您的付出和努力。我想他虽然走了，但一定走得很坦荡，我想此刻他定已在天堂，那里应该没有病痛悲伤，有的只是幸福和快乐。他还可以去带着天堂里的一帮小学生，继续着他的教育事业。让我们为他祈祷吧，愿他一路走好！
>
> 朱海源　2010 年 6 月 8 日

从石门乡传来苗族代课教师朱玉勤病逝的消息，助学网痛失第二位代课校长。他在村民心中是和蔼可亲、平易近人、"适应地方儿童教学的好老师"，他为贫困乡村教育鞠躬尽瘁，奉献毕生年华。在我们眼里，他在艰难困苦环境中的自强不息和坚守，传承和实践着石门坎先辈的文化精神，令人尊敬。

1987年，24岁的朱玉勤开始了代课教师生涯，整整23年。作为800多名村童的启蒙老师，他一个月的工资最初只有18元，1999年开始每月工资100元，直到2009年秋才提高到550元。这位最远只到过云南省昭通市的苗族教师曾说，如果不做教师，他可以在家发展养殖业，每年或有6000~7000元的收入。不过他仍然愿意继续教书，朱玉勤老师对自己低微收入的看法是，"无论挣钱多少，教师的品质是高贵的，都是教书育人，为了后辈文化知识不再落后。"

由于新龙小学不通公路、地理位置偏远，留不住年轻的公办教师，那些年只剩下两位代课教师上着三个年级

图4-2　朱玉勤老师在上课

（朱正荣　摄　2007年）

的课程，每天七节课，休息的时间都没有，中午吃饭时都要抓紧时间，有时半生半糊的洋芋也将就吃了上课去。朱老师对办学前景有所迷茫，"二十余年的革命生涯，付出了不少的劳动和心血，所教过了的，有现在在校的初、高中生，小学生，大、中专生，还有已出来参加工作了的""我们并不反对有知识的社会力量充实教育事业，但总得给我们代课教师指条合理的去路啊。"

图 4-3　新龙小学 2009 年的教学设施和办学条件

（沈红　摄　2009 年）

朱老师无力让自己的两个孩子都接受良好的教育，弟弟年幼时就辍学，长大后外出打工来供哥哥读书，哥哥朱海源是在助学网友的公益支持下读完了高中，2009 年考入贵阳高校，成为苗寨第一名大学生。当得知儿子高考录取的消息时，朱老师立即向我们报喜，分享他的欣慰喜悦。

但是一场大病来袭。昭通医院中期检查得出的结果是，有双肺结核、胸膜炎、肾水肿及肝硬化等，都基本是晚期，医生观察，可能血液和骨髓系统也出现了严重问题。6月初，医生们说朱老师随时都会有生命危险，因此孩子们将他带回家中，朱老师不久长眠于家乡。

朱海源说，"我爸是个好人，甚至是伟大的人，可他的命就是那么的苦啊，现在他们的工资刚提到550元一个月，他们的新教学楼也快起好了，可他却病倒了！去年寒假的时候，因为家里还有几千块我去读书时亲戚朋友送来的钱和一些借来的钱，所以我就强谏他去大医院治疗，让他的病好了，我读出大学了，好好孝敬他老人家到一百岁，可他不肯。现在想来心中甚是不爽！可这又岂是他一人之悲呢？！"

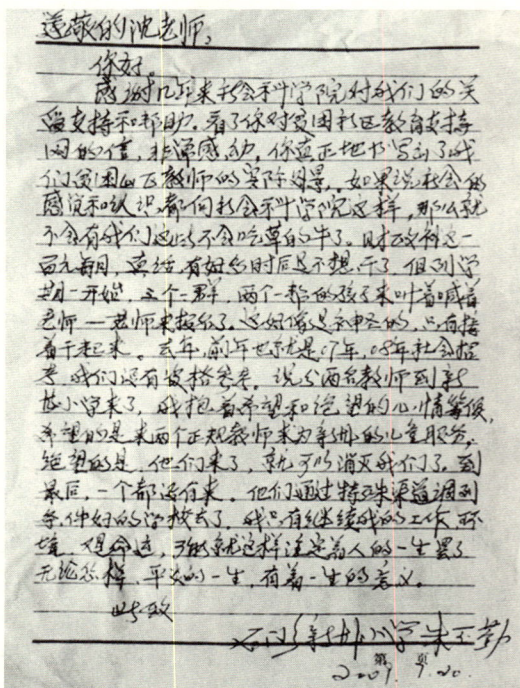

图4-4　朱老师2009年来信谈到办学的艰难

（沈红　摄　2009年）

图 4-5　朱玉勤老师为新龙学子付出一生，在他逝世后，这张照片刊
登在《人民日报》上。

（沈红　摄　2009 年）

三　张国剑老师：不辞辛劳

　　张国剑老师，苗族，和朱校长一样，是石门乡代课时间最长、年龄最长的老师。出生于 1958 年的张老师，今年 60 周岁，任教 31 年。

　　张国剑老师立志成为一名优秀的人民教师，他对优秀教师的理解是：①以身作则，为人师表，要求学生做到的自己首先要做到。②以德育人，以德服人，做学生的榜样。③以实为鉴，因地制宜，充分运用本土资源教学于课堂中。④学到老，教到老，在学习教育教法中不断更新自己的思想观念。他所理解"教书育人"这四个字，"教书"只是引导和传授知识，"育人"才是重点和关键。而要培育一个人并不是件简单的事。对于老师来说，这是个漫长和复杂的过程。韩愈"师者，传道授业解惑也"，在我看来，传道是最难的也是重要的，远比讲授书本上的知识更重要。在贫困山区教书，张老师更关注的是每一个孩子都平等地享受到了义务教育。

曾经也是苗寨里的山娃娃，张老师认为贫困与无知让他们很难有机会去选择职业。张老师年幼时，因家境贫寒，不得已辍学务农。适逢当年村小没有教师，村干部和学生家长极力推荐他来任教。"我当时想去教书是义不容辞的事情。如果我不去干，村里的孩子就接受不了教育，让六七岁的娃娃走七八公里山路去别的村寨上学，危险重重。如果我不去干，村里的学校就将永远消失，村庄想通过教育脱贫的理想永远不会实现。"张老师执起教鞭以来，无论多少困难，都没有退缩过。

2001年，张老师调往云炉小学代课9年；2010年又调回新龙小学代课并担任学校负责人；代课教师，尤其是在"一师一校"的代课往往付出特别多，得到的特别少。21世纪以后，张老师终于领到工资了，一个月25块钱。2012年，国家政策有变动，没有教师资格证的代课人员不准教书了，面临下岗。后来，张教师被调往高潮小学工作，名义处理学校后勤事务，实际也离不开三尺讲台，继续在校教学（即教学前班）至现在。同样是在2012年，报告文学作家向思宇来到石门乡采集代课教师的数据，张国剑教师成为他的受访人之一，是"西南乡村教师"群像扫描中浓重的一笔。

在这 30 年的教书生涯中，通过学习实践，慢慢摸索，张老师学到了教书育人的知识，懂得了"以善为乐"的做人的道理。张教师每天带着几十个孩子，从新龙村口到云炉小学走 6 公里的山路，每天 6:30 出发。走山路去学校，不管是晴天还是下雨，天天如此。如果碰上下雨天，山路很滑不好走，还得背上年龄小的学生，在上课前务必赶到学校。冬天天亮的晚，出门还是一片漆黑，张老师带着孩子们只得点火把或是打手电筒走在上学的路上，而且要走好一段路程天才亮。早上必须起得早，往往来不及吃早餐，只得带上前一天煮好的洋芋，走到学校时才拿出来吃，但又不能全部吃完，需留到中午作午饭或是留给下午放学后饥饿的学生。如果有时来不及带洋芋，就只有以水充饥。即使教师工作繁重如此，张老师每天放学回家都还要帮家里干农活。有时吃晚饭都超过了晚上十点，当别人熟睡时张老师还得批改当天学生的作业，因为第二天还要将作业发给学生。

图 4-6　张国剑老师与黑土河乡冶能增老师均荣获
TCL 希望工程"烛光奖"

（杨欣萌　摄　2016 年）

张老师的妻子听说代课没有工资便不乐意了，说哪有干活不付钱的，太不合情理了。每次这样，张老师都会指着学生家长送来的包谷，对妻子说"没有老师，孩子们往哪去读书呢？""包谷不算钱吗？包谷也要用钱买啊"。山里的孩子不能没有老师去教育。以后家里生活拮据，妻子便埋怨张老师代课，争吵不断。但是，日子五年、十年……过去了。看到张老师依然还是那么坚守和执着，妻子也就慢慢地变为支持了。

因张老师在贫困山区不辞辛劳地付出，2016年他获得了由TCL主办的乡村教师希望工程"烛光奖"中的"奉献奖"。与张老师一同领奖的，还有威宁县黑土河镇坪山小学的冶能增老师。

四 陶建义老师："四进三出"三尺讲台

陶建义，担任石门乡新龙小学代课教师。当初帮助他人代课一年时，陶老师只是好奇。一年的报酬只有500元整。1998年，由于学校欠缺老师，朱玉勤校长就正式请陶老师来工作，一年给的经费是600元。1999年8月份招考开课教师落榜，就中断了三年。2002年，教辅站清退了一批代课教师。新龙小学清退了3位，陶老师是其中的一位。但是，学校只剩下两位老师了，怎么能承担得起四个年级的课程？学校不得不停了一个四年级，留下一至三年级。朱校长又一次请陶老师回到学校任教。

2003年，老教师退休，新龙小学只剩下两位代课教师上着三个年级的课程，每天七节课。休息的时间都没有，中午吃饭时都要抓紧时间，有时半生半糊的洋芋也拿着吃了上课去。工作这么苦，一年只七百五十元，这一切是为了钱吗？就是为了不让孩子们错过美好的光阴，而且是护着学校的存在，不让学校突然间消失。

2009~2010学年陶老师，陶老师被教育局停发工资，陶老师再一次离开学校。

朱玉勤校长生前努力挽留他继续代课，想尽办法为陶老师找到"糊口费"。但是，朱玉勤校长不幸病逝后，学校的前途何在？陶老师对自己的前途也感到无比迷茫。

2015年新龙小学在经历撤点并校等风波后，终于迎来了新的发展机遇。2016~2017年，石门乡教管中心为了确保学生在校期间安全，在所有学校修围墙、设警卫岗，并面向社会公开招聘学校保安。陶建义老师又一次被新龙小学校长请回来，说是警卫员，实际上兼任两职，既是警卫员，又是代课教师。陶教师现在的工资是1000元/月，他

图4-7　陶建义老师任教的新龙小学

（朱正荣　摄　2009年）

图 4-8　陶老师任教时的办学条件

（沈红　摄　2009 年）

称这是之前没有想到的事情。能够再次回到学校，他满心
欢喜。

第三节　执教风险：从代课教师到特岗教师

　　从教育发展的脉络上看，代课教师的出现有其历史
背景，是"穷国办教育"的必要跳板，是中国农村教育
发展风险治理的一种折射。代课教师是当时进行人力资
本累积的基础，是人才培养的主体。1994 年分税制改革，
"财权上收，事权下放"的财政体制导致教师定编定员的
首要目标。

　　代课教师招募没有规范的入职制度。教管中心害怕承
担风险，如访谈录音中所讲，教管中心不用主动为学校聘

请代课教师，主要困难一是代课教师工资非常低，二是代课教师岗位乡教管中心做不主，公办教师来了，代课教师就要退位。于是，教管中心就将聘请代课教师的任务留给学校，或者对学校聘请代课教师不闻不问。

调查员：您当时有没有为哪个学校找代课老师，有没有去老师家里请老师来学校上课？

教辅站站长：我没有，我自己一个都没有找。为啥子没有找呢？因为代课老师实在教不下去。一般的程序是，我请了代课教师之后，要向教育局汇报，汇报通过了才能让代课教师上课。但是，代课教师有两个问题很难解决。一是待遇太低，这是我为什么说代课教师实在教不下去。一个月工资100块钱不到，而且一年只发10个月的。二是你在需要人家的时候找人家进来，以后如果学校调进了公办教师或是特岗教师，你撵人家走就不好了。这个非常不好办。

调查员：所以教管中心不负责给学校招代课教师？

教辅站站长：是的，这个问题太难办。比如说我喊一个代课教师进来，他愿意来，但是恐怕明年、后年有公办教师进来就有冲突了，我就得让他走。请人容易送人难，这个事情就不好办。所以当时教辅站不负责请代课教师，而是由学校校长或边校负责人自己请。

由校长来请代课教师，这些问题依旧存在。但是，村民会为了学校和村内孩子可以就近上学，才会冒险教书。

因此，新龙小学和年丰小学的代课教师都是由校长请来或者村民推举来的。社区与学校风险共担，互相开放。

表4-2　石门乡代课教师工资、生计调查情况

单位：元/月

序号	代课教师	代课起始年份	代课时间（年）	代课最低工资	代课最高工资	如今从事工作	最初工资	2010年工资
1	朱校长	1987	23	18	550	2010年因病逝世	100	100
2	张老师1	1987	30	14	1000	2010年转校工	1000	1000
3	黄老师1	1976	16	10	42	1992年转正	3000+	6000+
4	杨老师1	1998	2	100	100	打工	3400	4000
5	陶老师	1997	3	50	500	2016年起当校工	1000	1000
6	金老师	2001	2	100	100	开沙厂	2000	30000+
7	赵老师	2003	2	0	100	开便利店、开车	1500	3000
8	王老师1	2010	2	100	100	考上特岗教师	2800	4500
9	罗老师	1988	22	24	100	云贵地区打工	2000	3500
10	王老师2	1994	14	100	550	云贵地区打工	2000	4000
11	舒老师[1]	1990	17	12	100	2007年意外去世	—	—
12	周老师	1996	19	24	100	2015年北京打工	2800	3000+
13	陈老师	1992	6	100	100	1998年去世	—	—
14	马老师	1992	20	40	330	村干、种烤烟等	2000	3000+
15	李老师1	1995	15	100	330	2010年外出打工	1800	3000+
16	李老师2	1992	12	40	330	2004年外出打工	2000	4000
17	安老师	1998	14	100	330	村干、种烤烟等	2000	3000+
18	吴校长1	1974	37	10	2800	1992年转正，2010年退休，2016年去世	—	—

续表

序号	代课教师	代课起始年份	代课时间（年）	代课最低工资	代课最高工资	如今从事工作	最初工资	2010年工资
19	吴老师2	1990	22	30	450	2014年转校工	1000	1000
20	吴老师3	1998	12	69	450	种烤烟	2000	2000
21	吴老师4	2002	1	100	100	出嫁，开服装店	0	3000
22	朱老师2	2006	6	200	450	电器维修	1300	500
23	张老师2	1999	11	69	550	打工、包工头	2000	3800+
24	伍老师1	2004	6	100	550	打工、包工头	3000	2000+
25	伍老师2	2005	3	100	550	打工	3000	4000
26	盛老师	2005	12	500	1000	名誉校长	1000	1000
27	黄老师2	2005	5	200	550	创业	1000	3000
28	黄老师3	2008	2	500	550	打工	800	3000
29	舒校长	1998	3	60	100	因公殉职	—	—
30	杨老师2	1998	12	60	550	2010年被清退	1000	2800
31	王老师3	1997	4	60	100	打工	2000	4000
32	李老师3	1996	20	60	1000	2010年转校工	1000	1000
33	唐老师	1999	7	60	500	打工	2500	2000
34	吴老师5	2005	2	400	400	返乡创业	400	5000
35	张老师3	2006	4	400	400	开便利店	800	1500
36	李老师4	2007	1	400	400	看炮台、做厨师	—	2800
37	朱老师3	2002	3	0	0	务农	补助60	补助300
38	张老师4	1978	14	10	500	1992年转正	900+	6000+
39	张老师5	1972	19	2	60	当公务员	500+	6000+
40	郑老师2	2005		300	500	回乡务农	—	

资料来源：杨欣萌博士论文《风险与机会：绝地逢生的贫困村教育》。

1986~1997年是农村代课教师规模扩张时期，1997年底全国农村代课教师达到83万人。1998年后农村代课教师数量不断下降并趋于平稳。石门乡代课教师数量与全国数量变化趋势雷同，如图4-9所示。表4-2是课题组在石门乡调查的40位代课教师，这40位代课教师是目前石门

第四章

教育扶贫：贫困村小绝境逢生

113

乡有迹可循的代课教师。可以发现，代课教师主要集中在1990年代和2000年代。新龙小学和年丰小学有11位是代课教师，另外一位当了三十年代课教师后转正成为公办教师。石门乡代课教师与双语教师高度重合，在年丰小学和新龙小学任课的教师一度全部都是代课教师。由此可见，贫困的石门乡曾经"以苗教苗"的人才循环。[1] 教育财政紧缺，许多乡村学校都离不开乡村教师。

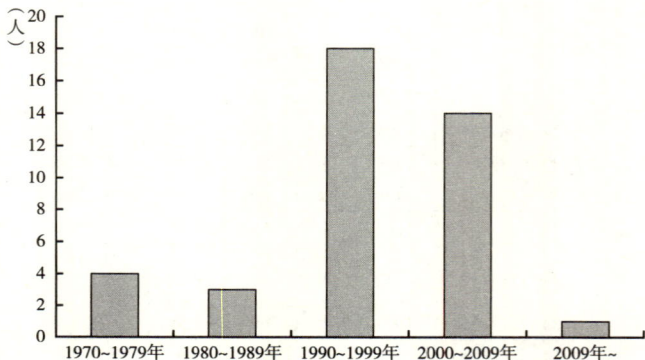

图 4-9　石门乡代课教师在不同年份的数量

资料来源：根据课题组调查笔记（2007~2017 年）整理。

表 4-4 统计的是助学网公益支持和课题组追踪访问的 40 位代课教师，平均代课时长为 10 年，代课期间，平均最低工资 1166.33 元 / 月，最高工资 431.80 元 / 月。1985~2001 年，代课教师每月工资 100 元，由县、乡两级财政拼盘发放。2001~2006 年，代课教师工资每月 250 元。每个代课教师几乎都要为自己的生计发愁。[2] 2006~2010 年，学校给每位代课教师从学杂费中补贴 150 元。与其他

①　沈红：《结构与主体：激荡的文化社区石门坎》，社会科学文献出版社，2007。
②　沈红：《结构与主体：激荡的文化社区石门坎》，社会科学文献出版社，2007。

教师相比同样的付出，不同的收入。代课教师的收入仅占公办教师工资的十分之一。代课教师多在边校任教，有着"一师一校"的经历，要给复式班上课，每周课时达 35 节以上，还要管理学校的日常杂务。

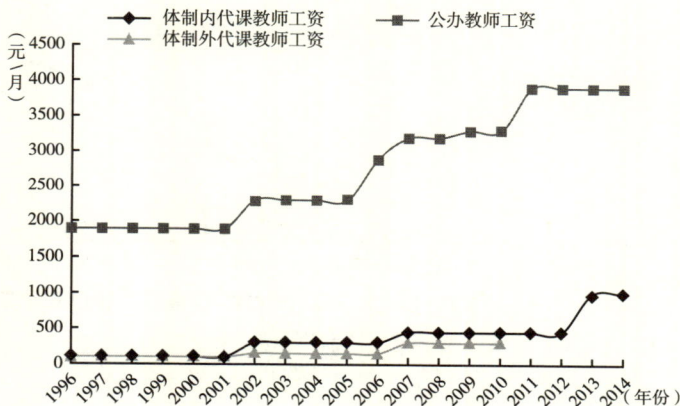

图4-10　威宁县公办教师、体制内外代课教师[①] 收入比较
（1996~2014 年）

资料来源：威宁县教育局、课题组调查笔记。

图 4-11 显示石门乡代课教师转业之后收入增加与公办教师、村干部、基层公务员和外出打工工资的变化，高投入、低收入的代课教师无法获得制度认可，教育管理体制的大门始终对其关闭。代课教师是"穷国办教育"的必要跳板，但同样不能否认的是其知识结构、文化水平和教学能力的不足。这也是代课教师被清退的必然性。[②]2006

---

① 体制内代课教师：1986 年以后，国家教育部取消"民转公"考试，代课教师不能通过考试成为公办教师。1986~1997 年的代课教师，因在当地教育局备案并获颁任用证书，被称为体制内的代课教师。

② 徐蕾：《清退代课教师：政策演进与执行反思》，《郑州师范教育》2014 年第 3 期。

年，教育部提出要在较短时间内，将全国余下的44.8万名代课老师全部清退，2010年完成全部清退。[1]

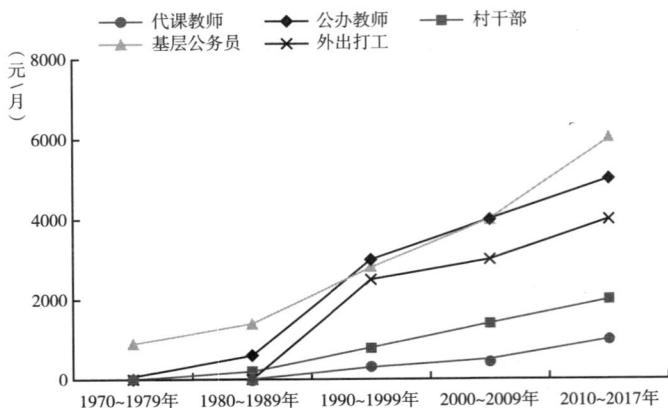

图4-11　威宁县不同群体不同时段平均工资比较

资料来源：威宁县教育局、课题组调查笔记。

2010年10月，县教育局对2900名代课教师进行清理整顿，继续聘用其中的1800名，而959名代课教师被辞退。在这近千名被清退的教师中，只有58名代课教师有机会获得一次性补偿，包含年满60周岁的4名，申请同意一次性补偿在岗的14名，存在计生问题的40名。补偿费用统一由县财政拨付，包括代课费用、养老保险和补偿款，每人一次性补偿27806.22元。至今仍在教学岗位的404名代课教师，实行"一年一聘"的合同制方法，工资由县财政拨付，从2009年9月1日起，每人每月应发代课费550元，县财政承担每月养老保险金246.02元（个人需承担98.41元），实际每月发放代课费451.59元。

① 中国新闻网：http://learning.sohu.com/20100106/n269411375.shtml。

课题组走访了石门乡曾经的40位代课教师，除一位外地来支教的代课老师回乡外，其他39位获得一次性补偿的机会，但只有3位老师拿到了全额，其他人都因为计生、超生问题，没能得到补偿。继续留任的5位代课教师依旧没能出现在学校的教师名单上，而是以"校工"的身份留校照看幼儿班、做营养餐。转变为"校工"的他们工资依旧很低，是公办教师的1/5，而且也不会随着工龄延长而有"涨薪"的机会。

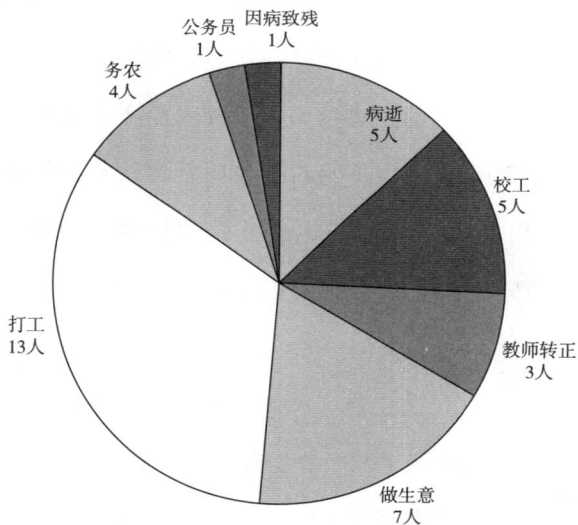

图4-12　石门乡代课教师清退后的职业选择
资料来源：杨欣萌调查笔记整理。

　　石门乡代课教师张老师，获得了学校的一次性补偿款后被清退出去，之后县政府再没有承担他个人的养老保险。目前，张老师38岁，每年要交将近3000元的养老保险。张老师家里有三个孩子上学，打工收入并不宽裕。想直接转为交新农合养老保险，这样能省下来一笔费用。张老师去问新农合办，得知他的城镇养老保险并不能转为新农合。实在拿不出钱，张老师也就不交了，但他担忧养老没有保障。

清退使对乡村教育发展有着重要贡献的代课教师面临危险。因此，在石门乡教育发展初期，贫困学校的办学风险由代课教师来承担。由代课教师牺牲小我，发挥主体性，在社区与教育系统中担任多职，换来学校发展的机会。

代课教师清退并非一蹴而就，1980 年代的"民办教师整顿""进一退二公办教师招考""1992 年民办教师招考"等政策，都将代课教师从教师队伍中清除出来，把学校与社区之间的距离拉大。学校因此变得更加封闭，社区村民无法进入。以下为石门乡原教辅站站长的访谈记录，梳理了自 1980 年以来，公办教师招聘的门槛如何变得更高，把代课教师完全拒之门外的过程。

调查员：1980 年民办教师整顿的具体过程是怎样的？代课教师的考试成绩如何？

教辅站站长：1980 年统一考试，命题考试，有的教师考下来只考了二三十分，自然就退下去了，当时我们有四个代课教师，有两个就退下去了。考试通不过的原因就是确实技不如人。像我们都是初中毕业就来教小学，好多问题都是在教学过程中摸索出来的。1980 年整顿教师，让我们意识到自己能力有待提高。再加上，我们到学区（中水）参加考试确实恼火，要走上一天，第二天再考试确实没多大精神，很容易也就放弃了。

调查员：那您后来是怎么转正的呢？

教辅站站长：我这个民办教师是在 1992 年整体转正一次，1992 年那次是花 600 块钱参加民办教师转正考试。全县统一考试，当时分指标的。1992 年，我们石门乡就分了 1 个指标，我就转正了。我转正以后就被调到中心校了，当时的惯例就是这样，只要转正了，人就不是边校的了，而是属于教辅站派遣的。教辅站都会把老师调到中心校去，并不是中心校多么需要教师，而是中心校要有更好的老师来拔高学生成绩。民办教师也想到中心校去，到中心校是非常荣誉的事情，最重要的是你原来在边校累死累活没有人知道，中心校老师多课业负担没有那么重。边校在 90 年代初的时候，一般都是一师一校，老师教复式班。

调查员：当时石门乡有多少民办教师通过？

教辅站站长：当时是这样的，我是 1996 年的 9 月 1 号到教辅站工作的，我们乡的教育是这样的，我们教辅站负责的是小学，石门小学和中学那时候属于县里领导，它的归属不属于乡管，它是县管的。当时全乡的公办教师有 16 个，学生 860 多人，公办教师是严重不足，只好请代课教师。当时也请了 16 个代课教师，师生比大约是1：27 的样子，还是低于国家水平。

调查员：那后来有没有教师招聘计划？

教辅站站长：有是有，但是反而慢慢地教师越来越少。从 2001 年以后，开始"进一退二"，意思是进一个公办教师，就要退出两个代课教师。

调查员：如果说这个学校本来就需要两个老师，只能进一个的话会怎么办？

教辅站站长：教管中心不会管你怎么办，这就是一个高压政策，压给你，就是你必须执行。你接下来怎么办那是你的事情。但其实是，我干了30多年的教育，也当了近20年的教辅站站长，我很清楚石门乡的教育主要靠代课老师。从文化大革命到2000年这30年间整个乡正规录取的大专以上学历的不上5个人，我们乡的教育处于一个低谷。从2000年以后我们乡的教育又是进入一个大转折。后来招特岗教师，其实威宁县招收特岗教师是从2006年开始，但是2008年开始才进入石门坎。从2008年到今年大概拥有大专以上到本科这样的学生100多人。

代课教师朱老师，1982年出生，年丰村十组人，苗族，他2007~2011年在年丰小学担任老师。1991年开始上学，在年丰小学启蒙读书。从土地山步行去上学，需要40分钟。在年丰小学上到2年级，转到中心校读到6年级。读小学时，每学期交学杂费8元。小学毕业后，朱老师到石门民族中学读中学，每学期340元，读到初中三年级，因交不起学费中断学习。2002年，终于有机会进入毕节工业学校读书，学费600元/学期，生活费120元/月，靠社会资助和勤工俭学读书。2004年中专毕业，回到家乡做小家电维修。2007年，威宁县教育局面向社会招考教师，朱老师想去报名考试，他是中专毕业，应该可以参考。但后来他被告知只招考应届毕业生。这让他很沮丧，离条件就差一点点而已。2008年，又有了招考教师的机会，但这次，报名条件中任何一条他都不符合，要求是师范院校毕业的大专生。不仅是他，全乡的代课教师都没有人符合招考要求。他说，"我们再没有机会了"。[①]

同样的事情发生在代课教师张老师身上。张老师出生于1979年，在石门乡的一所中心校代课11年。张老师最初进入中心校代课时，69元一个月，一年发10个月工资。2010年，张老师被清退，他带着不甘心离开了学校。在他代课期间，他带出来的学生总是最优秀的，起初代课教师能参加石门乡教学考评，一年下来奖金有3000元。代课教师工资低，张老师只有努力靠拿资金生活。但是，后来石门乡明令禁止不让代课教师参加教学考评。张老师因此失去了挣奖金的机会。但他还是愿意坚守在教学岗位上。被清退出学校以后，张老师想教书的念头并没有退去。他用威宁县教育局一次性补偿款报名参加了夜校考试，考上了中央广播大学的大专函授。张老师读了两年，花掉了所有的补偿款，还倒贴了将近一万块钱。2013年，他拿到大专学位。但是没想到的是，公办教师招聘的社会人员报考已经把函授类学历剔除在外。

王大学，新龙村邻村苗族青年，毕业于重点大学。2014年王大学本科毕业后，一直在寻找各种机会考回家乡，当教师或者是基层的公务员。他不只一次想回到石门

① 王莎莎、沈红：《寻找代课教师——贵州威宁石门乡代课教师群像扫描》。

乡，尤其在他看到年丰小学的近况后，懂苗文、会苗语的他特别想回到曾经发蒙的地方教书。但出乎意料的是，他连考试的资格都没有。王大学是具有普遍性的例子。一来，威宁国家特岗教师或者贵州省的特岗教师都要求师范类专业，王大学并非师范类专业，被屏蔽在教师队伍之外。二来，王大学在西藏基层做志愿者的经验得不到威宁县基层公务员考试的认可。原本在西南边区基层服务的工作人员在基层公务考试中可以获得加分的优惠政策。但是，威宁县并不认可王大学在西藏阿里地区服务一年的经历。加上王大学已经不是应届毕业生，这也导致很多考试机会都不向他开放。石门乡的人才输出困难，教师输入机制虽然看起来完善，但是却把当地最想留下的人排除在校外。2016 年，王大学考取了西藏地区的公务员，再次远离家乡去工作。

表4-3 公办教师招聘条件回顾

时间	报考名称	报考条件	代课教师没能转正的门槛
1980~1989 年	民办教师整顿	在县教育局有备案的代课教师	没有备案
1990~1999 年	"进一退二"教师招聘	交 600 元获取教师资格证书	没有教师资格证书
2000~2009 年	代转公考试	教师资格证、大专生	没有学历
	公办教师考试	应届大专生、35 岁以下	没有学历、没有教师资格证书
2010~2019 年	社会人员教师招聘	师范类、35 岁以下、教师资格证	没有学历、没有教师资格证书

资料来源：根据特岗教师报考公告整理。

从 1980 年代开始，由政府教育部门组织的教师招聘条件逐年提高。石门乡初中毕业的代课教师进入公办教师、特岗教师体系的门槛逐年提高，绝大多数代课教师被挡在门外。代课教师因此无法再参与学校的风险治理，这是学校风险归因之一。

威宁自治县一度是全国特岗教师最多的县，有"全国特岗教师第一县"之称。威宁县有两个渠道招收特岗教师：一个渠道是以威宁县为主的特岗教师招聘，另一个渠道是国家的特岗教师招聘。特岗教师招聘条件为 30 岁以下的师范类大专生，将代课教师"避之门外"。石门乡 1986 年以后从教的代课教师，仅有 2010 年和 2014 年有两位代课教师转正成为特岗教师。学历要求过高是导致代课教师不能转正的主要原因。

威宁县从 2006 年开始招聘特岗教师，2006~2008 年，威宁县因特岗教师招聘，教师数量直线上升。2006 年，招聘特岗教师 1000 名，2008 年是特岗教师招聘最多的一年，招聘 3000 名特岗教师，2010 年，威宁县教育局为迎接省政府对威宁县两基复查暨复查验收及充实师资，继续招聘 1789 名特岗教师。2006~2010 年，威宁县教师数量从 5378 位增长到 9978 位。五年间，威宁县教师数量翻倍，师生比为 1：20，低于国家标准 1：16。

威宁县尽管从 2006 年就开始招聘特岗教师，但是直到 2009 年才招进特岗教师。2015 年石门乡师生比为 1：27。可见威宁县教师总量不足的问题得到缓解，但结构问题加剧。同时，2006~2011 年威宁县共接收 7139 名特岗教师，已有 5568 名接转，接转率高达 77.99%。特岗教师留任率低，流动性强，也给威宁县师资带来了极大的不稳定。

调查员：您刚才讲的城乡教育差距在加大，是指哪方面？

教辅站站长：国家这么多年一直在提教育均衡发展，但实际上，差别太大了。我们乡在招考代课教师的时候，最简单的，我们石门乡是最贫穷最偏远的地方，招考特岗教师的时候，高分数的都分到好的乡镇，来我们这里的是分数最低的。

调查员：在您当站长期间，学校的老师流动性大吗？

教辅站站长：坦白来说，从 2009 年特岗教师进来，流动性就非常大。因为我们这个乡原先条件艰苦，自然环境恶劣，进来的老师都待不下去。左右都要走，想办法找关系都是要走掉。不管这个老师，他的素质怎样，他都要想办法走。教管中心没有办法，留不住他们。有些被分配到边校的老师，教岗与档案没在一个学校，因为教学点不能存放教师档案，教师档案必须放在中心校。但是边校难教又很难出成绩，特岗教师都不愿意留在没有上升机会的边校。能有一点儿办法，就会走掉。所以说呢，在我们这个地方代课教师起的作用非常大。

近十年来，特岗教师问题也逐渐暴露出来。第一，特岗教师三年期内留任比例少。三年期满后留在当地教书的也少。据统计，2014年石门乡特岗教师留岗率为28%。贫困地区特岗教师留任率过低。第二，特岗教师与石门乡当地教师需求并不相符。石门乡苗寨小学需要双语教师，双语地区特岗教师招聘并没有将双语能力作为考核标准之一。特岗教师考核标准主要是以是否取得教师资格证为准，教师资格证的获得需要相应的师范类专业毕业与相应的专业知识。第三，特岗教师在山区教学有适应的过程，这比本土教师适应教学需要更长的时间。

特岗教师招生门槛相对较低，为个人发展考虑，特岗教师往往不会考虑留在偏远地区工作。3年之后有了正式编制的特岗教师一般不会选择留在偏远民族地区。2013年，威宁县特岗教师入编考试第一名的赵丹老师，自己主动申请去最偏远的石门乡，当时成为威宁县内一大新闻。赵丹老师最后选择留在了石门中学继续任教，为什么要留下呢？本应回到河南的赵老师说，比起家乡的孩子，这里的孩子更需要优秀的英语老师。赵老师的妻子和儿子也非常支持他的决定，来到石门跟他一起生活。

特岗教师大量流失的主要原因是：第一，跟学生们有语言障碍，教学成就感并不高；第二，在石门乡遇到的一系列现实问题，如住宿问题、交通问题、吃水问题等都使这些满怀理想的热血青年不得不陷入崇高理想与严酷现实的矛盾之中。第三，出于照顾家人、妻儿的考虑，大多数特岗教师在任期满后都倾向于回家乡另找一份工作。

为了促进特岗教师能够安心在村小、教学点工作，并在三年期满后能够继续留任，近年来，国家开始关注特岗教师的住房、婚姻等涉及特岗教师生活和生存方面的问题。然而，政策和制度更多地关注了特岗教师"下得去、留得住"的问题，对"用得上"的问题关注不够[1]。

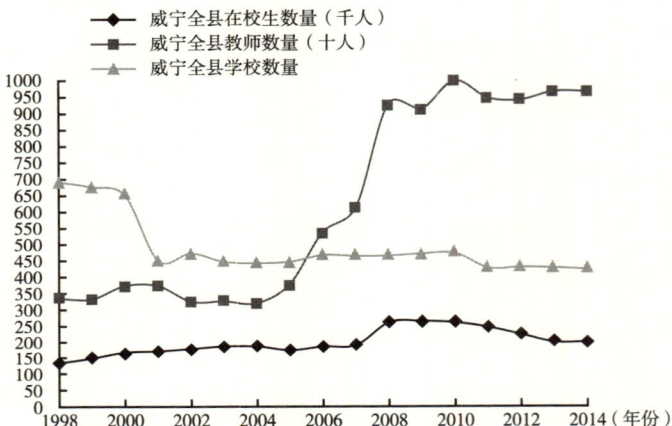

图 4-13　威宁县学生、教师和学校数量变迁[2]
资料来源：威宁县教育局。

威宁县 2013 年苗族 18165 户，共 79416 人[3]，全县义务教育阶段教师 13304 人，其中苗族教师数 551 人，本地苗族教师 297 人。全县义务教育阶段苗族学生 13015 人，小学 8980 人[4] 威宁县苗族属于滇东北次方言，与其他苗族语言不通。因此，苗族学生双语教师的师生比为 1：30。理想地将所有苗族学生假设成在一个学校、不同班级，这样的师生比都远低于国家的标准师生比。

---

① 安富海：《"特岗教师"专业发展的问题与对策—基于对贵州威宁县和河北涞源县的调查》，《教育理论与实践》2014 年第 10 期。
② 威宁县教育局：《威宁县教育志（1989~2010）》，2012。
③ 威宁县统计局：《威宁县统计年鉴》，2013。
④ 威宁县教育局：《威宁县教育系统年度综合报表》，2014。

双语特岗教师的缺乏给苗寨村小带来的风险如下所述。

社区与学校的共生关系随着特岗教师进入隔断，由教管中心领导的学校成为封闭的独立体，社区主体成为学校的客体，只能观察，不能参与其中。这导致社区与学校之前建立的风险共担关系被特岗教师隔断，学校成为风险治理的主体。

苗族双语教师严重缺乏。威宁县义务教育阶段苗族教师总数占全县教师总数的4.14%，其中本地苗族教师总数占全县教师总数的2.23%；义务教育阶段苗族教师总数占苗族总人口数的0.69%，其中本地苗族教师总数占苗族人口总数的0.37%。[①] 威宁县双语教师的严重缺乏给初入学的苗族学生带来"过语言关"困难，这也是初入学的苗族学生成绩普遍比其他民族偏低的原因。这也是新龙村民与石门乡教管中心抗议的原因。因少数民族语言内部的差异性问题，石门乡教管中心将苗族教师直接认定为双语教师。石门乡双语教师数量不足，为了提高双语教育普及率及合理配置师资，在特岗教师招聘过程中向少数民族倾斜。但是，分配到石门乡各苗寨小学的苗族特岗教师听不懂石门坎苗语方言。年丰小学校长也是苗族，当初他来年丰教书时，村民很是高兴，以为杨校长会教双语教学的老师。没想到的是，杨校长是贵州凯里人，他的苗语与石门坎苗语不通，杨校长依旧没有办法进行双语教学。这是教

---

① 威宁县教育局:《威宁县教育系统年度综合报表》，2014。

师能力识别的问题。

特岗教师招聘是以政府为主导的教育部门试图培养专业化教学队伍做出的努力。但是，特岗教师作为一种外来力量替代了代课教师，将社区与学校间的紧密联系隔断，将代课教师从学校中清退出来。学校办学风险归因于代课教师被清退出学校，引进特岗教师作为新的力量挤走代课教师，学校与社区的风险共担结构被破坏。政府主导的教师招聘门槛太高，将社区的代课教师和大学生排斥在外，无法回到石门乡任教。

第五章

交通风险与边远山区医疗救助

百

2014 年以前新龙村还是泥土路，交通闭塞，没有通村路，每到下雨天村民极难出行。到 2015 年初，新龙村才通了 2.5 公里的通村路，但这条宝贵的路只覆盖了两个村组村民。

中国贫困人口主要分布在 14 个连片特困地区，大都是边远山区、交界区、少数民族聚居区、革命老区，这些贫困地区由于处在行政区域的交界地带，距离行政中心上百公里，受历史习惯的影响和医疗资源分布不均的影响，一直存在跨省、跨市、跨县求医、就诊现象。

第一节 "恼火"的路：生计成本和交通风险

新龙村地处喀斯特地貌的乌蒙山区，生态恶劣，地势高低不一，山路崎岖，与世隔绝、不闻世事。这里的交通状况有多"恼火"？3年前这个村的路晴通雨阻，没有客运车辆；10年前这个村还没有通公路，机动车难以驰入。村民们全靠步行跋山涉水。外人如果要进村，从威宁县城乘车100公里到达中水镇，搭拉煤的货车或者其他顺风车，沿崎岖山路颠簸40多公里到乡政府，第二天再步行18公里到大水塘。或者，在一个叫野依梁子的地方下车，再步行6公里，从野依梁子一直下到坡底，看见茅草房就到了祖基。

2005年，祖基拉通了照明电，引来了自来水。村委会副主任耿陆芬代表劳动妇女登上了中央电视台节目，评为"全国劳动模范"。她开始筹划修路方案，到县政府、县交通局、县扶贫办、县总工会等单位送报告、要项目、要修路款，在她多次奔走，通村路终于被县交通局列入规划并进行勘测。威宁县政府划拨资金50万元、某社会组织发展项目资金37万元。为了节约投入资金，新龙村民义务投工投劳。2008年10月，一条长7公里的乡村土路修到祖基，这个小村落从此山外的世界连通。

村里有点积蓄的几家人合资进购了两张跑运输的农用车，发动机那"突突突"的声音从此打破了这个小村落的静谧。5年以来，威宁县为413个村建设通油路或水泥路，

图 5-1　新修的通村公路沿途设立了客运站，威宁县交通局为新龙村的
车站特别标注"民族村招呼站"的字样。

（杨欣萌　摄　2016 年 8 月）

投资在 300 个农村设通村公路客运招呼站。

2014 至 2015 年威宁县完成乡道改造 113.6 公里，农村公路改造 536.8 公里，建制村通畅个数 515 个，通畅率达 82.93%，2015 年底，进入"十二五"规划的所有农村公路全部完工。2014 年，投入资金 1060 万元改造乡道 10.6 公里，投入资金 20736.5 万元改造村道 309.5 公里，该项目已全面启动。改造后新增通畅建制村 56 个，涉及龙街镇、新发乡、秀水乡、哈喇河乡、小海镇等 21 个乡镇；2015 年，威宁县政府投入资金 10300 万元改造乡道 103 公里，投入资金 15229.1 万元改造村道 227.3 公里，改造后新增通畅建制村 46 个，涉及草海镇、岔河乡、东风镇、大街乡等 20 个乡镇。

2016 年威宁县投入资金 14143.99 万元，实施通寨公路（通组路）硬化 440 公里、人行步道（串户路）硬化 301 公里。2014 年，投入资金 6940.11 万元，实施通寨公路硬化 215 公里，人行步道硬化 147 公里，修建普通桥 1

座，项目已于年初启动。2015年，投入资金7203.88万元，实施通寨公路硬化225公里，人行步道硬化154公里。

2016年，威宁县还有20%左右的贫困村没有通村组路。没有通村组路对贫困山区经济发展的影响很大。调研员访问多位新龙村贫困农民，他们多次提到，新龙村因地理位置偏远，距离乡镇集市较远；环境条件差，交通条件差，没有办法很快地到达集市，发生交易。这使新龙村产业减贫带来的困境。同样的洋芋，在石门乡集市上卖1元/斤；新龙村公路修得不好，拉洋芋的大车不愿意进去。为了给收购洋芋让利，希望有人进村拉洋芋，新龙村村民无奈只能将洋芋低价出售，卖0.6元/斤。

基础设施建设的不足，影响到贫困社区发展，贫困山民社会生活与经济活动，更直接影响到他们生活水平的高低。新龙村新田常年被修路的问题困扰。

给祖基修路是几代人努力的目标。最早一个社会组织过来扶贫的时候，就想给祖基修路。当时在村民的投工投劳的基础上，修了条2米宽的砂石路。别的村组都有了串户路，祖基人也急。但是其实有很多修路、交通专家来都看过多次，人家是按照图纸上的规格来做的，垫多厚的沙？打多厚的混泥土？什么位置多宽？直接在图纸上设计。

2017年，在祖基4.5米宽度已经修好的水泥路，但是后来因公路比较窄，被乡政府停掉整修，说是要加宽。"测了这个路了之后，答应修成6.5米宽才停掉的。"这条路也因此而搁置了。

村干部1：前几天我们在河边测路，弄了几回，交通局派来测量队的，都跑掉三帮人。太恼火了那个路，不是适不适合修，而是测路的都不愿意进去，去看到大概就走了。测路的要用各种各样的仪器，他架机架的地方都找不到，然后我是请人帮他们背到山顶上去架起了之后才找到信号。有几步路那天我们拿人从上面驼着踩过来的，无法过，下面是水上面是白岩，直接踩都踩不稳。然后我们直接拿人负责踩在下面撑着。那个地方你想都不要想到去，我给你说。不是，去也去不起，你真的去不起我都不打算干多久了，就是熬过这个冬天。

　　调查员：省委书记已经走了后，这个路还会动工吗？

　　村干部1：这个应该不牵扯它，这个是五年计划。他这个是套着的，一环一环套着的。你看石门不是有一条快速通道？从石门到昭通的快速通道。如果有这条快速通道，那他不是单一的，有这条快速通道，其他的地方，这个其他地方的，如果死了的话，这个快速通道就活不起来，这个快速通道就没有半点意义，所以他现在是什么东西都要围绕快速通道来搞。他是这种意思。

　　祖基存在的问题是恶劣的自然环境使修路成为几乎不可能的事情。测路与修路的设备无法进入。所以，虽然在过去两年，祖基交通情况有所好转。但是，交通仍然是限制新龙发展和村民生活的重要因素。

　　因道路不通，村民公共设施可及性比较差。据调查，新龙村距离石门乡最近的卫生院有 18 公里，距离最近的三甲医院约 50 公里。新龙村村民距离医院远，加上道路不通，每遇到需要紧急救治的情况，都需要付出高额成本。由此可见，交通不顺加剧了因病致贫。在贫困的山区，交通变得便捷的同时风险也在增长。尤其是对于那些贫困的家庭来说，社会保障和保险制度的不完善，这些风险发生时，贫困家庭自身无力承担巨额的医疗费用，加上劳动力的损失，这些家庭往往陷入贫困的深渊。

第二节　因车祸致贫：孤儿救助和伤残少年

2016~2017 年，新龙村借"一事一议工程"在一组、二组、四组和五组修通了通组路。村民日常交通条件提升了，但是交通事故同时也逐年增多。下文以新龙村孤儿救助和伤残少年案例来说明，交通事故带来的贫困风险以及村民面对交通事故时采用的应对方法。

一　孤儿救助：交通风险与熟人社会众筹防险

王英、王杏两个青少年出生在新龙村祖基。2016 年，他们的父亲因出车祸去世。在 2018 年 4 月，他们的母亲骑摩托车要去石门乡途中从油路上跌落在半山腰，车毁人亡。王英、王杏成了孤儿。新龙村民看到两个孤儿的遭遇后，考虑到他们以后生活及教育问题，主动帮他们组织捐款活动。

由祖基村民唐云和张广云主动发起捐款，并将捐款倡议书发放在"新龙信息分享"微信群上。捐款倡议书内容如下：

各位乡亲，人有旦夕祸福，月有阴晴圆缺。不幸的是，2018年5月24日（农历四月初十）我村三组祁恩琴（小关巧32岁）在从家里去石门坎途中，突遭车祸，不幸逝世。其丈夫王云（享年35岁）也是由于车祸于2016年去世，这一如晴天霹雳突来的消息让他的所有亲人、朋友、同事都万分难过。两个小孩王英（13岁）王杏（11岁）在父亲已不在的情况下再遭不幸，成为孤儿。

只要人人都献出一点爱，世界将变成美好的人间。我们倡导观澜所有认识这个不幸家庭的亲戚朋友、兄弟姐妹和不认识的好心人发扬"一方有难，八方支援"的互助精神，本着"不论多少、志愿捐款"原则，给予这对孤儿经济上的一些帮助和精神上的莫大支持，帮助他们走过人生的困难时期。在此，诚挚发出爱心捐款倡议：积极行动起来，伸出你的友爱之手，献出一份爱心。

谁说人世无情，你的仁爱之心，你的点滴之恩，就有可能带给这对孤儿健康快乐的生活；谁说命运不公，你的无名关怀，你的善意之举，就是不幸家庭最大的幸运。愿我们的点滴付出汇成爱心的暖流，让暗淡的家庭重新迸发出灿烂的霞光。送人玫瑰，手有余香！所有捐助款项我们将登记造册送达小孩合法监护人手中，请各位爱心人士监督指导！收款人唐云（电话／微信 18334272291）张广云（电话／微信 17585250676）。

通过线上和线下两种方式，不到 2 天的时间，村民就为两兄弟筹款计 31000 元。在他们母亲入土之后，由他们的叔叔把钱转交给两兄弟。王英、王杏是未成年人，这笔钱由伯父带他们存入石门乡信用社，供他们将来读书、生活或解困之用。

图 5-2　王英、王杏两兄弟拿到村民的公益捐款，左一是他们的伯父
（唐云　摄　2018 年）

王英、王杏因交通事故失去双亲，本就贫困的他们，现在无疑是深陷困境的少年。新龙村民为两兄弟众筹成长基金是在为了预防他们今后成长会遇到各种风险。从这个过程当中，调查员看到了熟人社会里"一方有难，八方支援"的场景。在众筹过程中，村民们互相信任，协作众筹。乡政府也承诺在未来给两兄弟支持，让他们能够继续接受教育。

现在两兄弟跟外公外婆生活在一起，周一到周五寄宿他们就读的学校里。

二 伤残少年：交通、医疗风险与互联网众筹治险

新龙村邻村苗族少年吴天光 2015 年就读于石门乡民族中学初一。6 月，吴天光在从学校返家的途中，从湿滑的山坡上摔下去，跌落近八十米，受伤严重，一度陷入昏迷。幸好有村民经过，打电话叫来家人和急救车。由于伤势严重，乡卫生院无法救治，威宁县医院离这里 154 公里，吴天光被连夜送到距家 30 公里的云南昭通市第一人民医院。经过抢救和诊断，他右股骨折、左内踝骨骨折，并伴

图 5-3　事故地点在通村公路的急弯路段，2015 年在急弯下坡地方没有任何防护措施

（李春南　摄　2015 年 7 月）

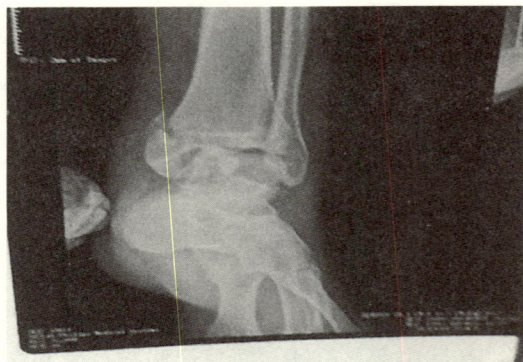

图 5-4　吴天光同学右股骨、左内踝骨骨折的透视片

（吴元宁　摄　2015 年 7 月）

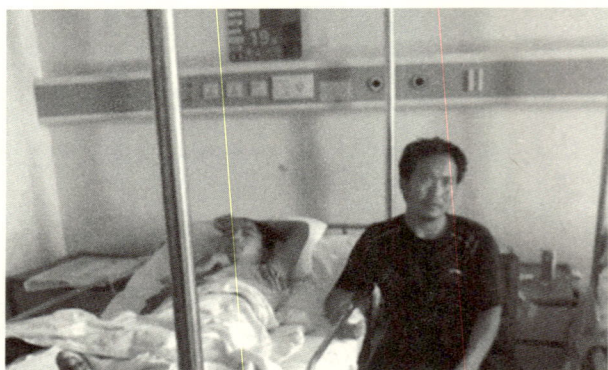

图 5-5　吴天光同学病床照

（吴元宁　摄　2015 年 7 月）

随创伤性休克。

　　吴天光的家庭经济困难，一家四口刚刚越过温饱线。爸爸常年疾病缠身，药不间断，妈妈腿部残疾，吴天光与妹妹上学费用由母亲种洋芋换来的。常年累病的父亲已经是这个极贫家庭的负担，吴天光不慎摔断腿对这个贫困家庭来说，更是雪上加霜。

　　吴天光手术产生的治疗费用 54040.74（伍万肆仟零肆

图 5-6　吴天光家室内与存放的洋芋，吴家新房一角家徒四壁

（杨欣萌　摄　2015 年 7 月）

图 5-7　第一次手术康复后吴天光站在家门口，他已经能够重新站立，行走自如。他家两间房子，一间为自建土坯房，一间是政府危房改造后的新房。

（吴元宁　摄　2015 年 11 月）

拾圆柒角肆分）。吴天光亲人在医院看护吴天光 21 天，吃饭、住宿及交通费用大约 8000 元。吴天光住院期间共花费 62040.74 元。

　　为了支付手术及治疗费用，吴天光一家四处筹钱。在社会公益人士的帮助下，吴家筹集到了 5 万余元的手术费用。吴天光顺利完成手术，并在家人的照顾下逐步恢复健康。这个家庭因此背上了数万元债务。吴天光参加了新型农村医疗合作保险（简称新农合），贵州省新农合报销政策是，省内住院报销比例65%~80%，跨省异地看病报销65%。

参保患者在各级定点医疗机构住院，符合城乡居民基本医疗保险报销范围的住院费用按下表中比例予以补偿，不设封顶线。在非省、市、县定点的民营医疗机构就医不予报销。

表5-2 威宁县城乡居民医保住院补偿比例表（2017年）

| 地域 | 医疗机构类别 | 合规费用补偿比例 | | 备注 |
		经转诊	非转诊	2015年
县内	政府办一级定点医疗机构	90%	不需转诊	
	二级定点医疗机构	80%		
县外市内	一级定点医疗机构	90%		75%
	市级二级定点医疗机构	75%		70%
	二、三级专科及三级定点医疗机构	70%	55%	60%
市外	非贵州省级定点公立医疗机构	65%	30%	

资料来源：威宁县政府，《威宁自治县2017年城乡居民医保补偿实施方案》。

但是由于当时情况紧急，石门乡距离威宁县县城154公里，吴天光只能就近跨省去云南昭通治疗。这样一来，已产生的治疗费用按照当时规定，只能报销约31000元（进口药物除外）。如果新农合报销顺利，吴家最多可以还上3万，还差2万元无力偿还。

根据昭通第一人民医院主治医生意见，吴天光后期复健及换药费用预计在1万元左右。一年之后需要进行第二次手术拆除固定的钢板，预计手术费用在2万元以内。吴天光处在长身体的关键时期，康复治疗对于这个15岁的少年以后的人生至关重要。但是，这个贫困家庭已经不堪重负。

然而，交通风险再一次侵袭了这个贫困家庭，2017年，吴天光的妈妈又因为一场交通意外去世。她搭乘的一辆长安汽车，在一处急转弯摔下陡坡，天光和妹妹再次受伤，而更为不幸的是，吴天光的妈妈伤势过重去世。这样，家中唯一的劳动力被车祸夺去了生命，这个家庭再一次陷入了绝境。

随着一系列扶贫政策的推进和完善，山区贫困家庭应对交通风险的能力得到改善和提升。除了之前的社会救助渠道，社会保障和保险体系为他们提供了救济的途径。2018年，吴天光家庭获得保险公司对于其母亲的交通事故赔偿金20余万元，极大的缓解了这个家庭的困境。在石门乡政府和学校的协助下，新农合报销了吴天光的手术费用。这个曾经因为交通事故陷入绝境的家庭因此重获生机。吴天光在经过后续的治疗之后，康复状况良好，顺利返回学校学习。

当地政府也开始意识到交通发展带来的风险，并且承担起政府的责任。2016年开始，石门乡域内所有危险陡坡路段都被加装了防护柱和防护栏。在课题组与当地政府官员访问中了解到基层政府也在采取措施加强对村民交通安全意识教育，规范交通运营秩序。这些举措对于减少交通事故和贫困家庭的悲剧有着重要意义。

三 村庄互助与互联网众筹的风险治理

通过新龙村王英、王杏父母因交通事故去世的故事和邻村吴天光交通事故腿断治疗的过程，课题组得出：山区交通变得快捷后，人们的交通风险意识依旧淡薄，交通工具使用不当，造成许多交通事故。交通事故给贫困家庭带来了无法预期的后果，在政府帮扶还没能及时给予他们帮助的时候，他们都寻求其他社会支持来自救。

王英、王杏两兄弟生长在有村民互助传统的村庄，村民们为他们捐款建立起成长基金。而吴天光则是依靠互联网众筹帮助他来走出困境。比较两个案例，我们观察到在熟人社会众筹和利用互联网众筹的异同。

首先，村民互助筹款面向的是乡邻四舍，村民都是亲见惨案的发生，是事件的见证人。村民能够迅速做出判断，应该给予支持。互联网众筹一般是在熟人的社会支持不够的情况下，向陌生人众筹、寻求支持的一种方法。

第二，从两者的倡议书可以看出，互联网众筹对事件讲述与自证真实要求更高。众筹人必须提供证件、病历等来证明事情的真实性，然后由公益组织认证、担保之后，才能正式进入筹款环节。而熟人社会则是亲历事件，对众筹本身没有怀疑。

第三，村民互助众筹是贫困村民更容易掌握的，互联网众筹对互联网技术掌握要求更高。比如，在 2016 年，网上转账对吴天光家人来说是件极其困难的事情。

第四，村民对于捐款动员的响应更加迅速，如王英、王杏两兄弟的筹款，只在 2 天内就完成 3 万元的筹款。而互联网筹款则有认证公益机构指定的周期，比如 1 个月或 2 个月，周期固定，一般非特殊情况不能更改。也就是说，筹款周期上来说，熟人社会筹款更高灵活，能够快速用上。

第三节　就医风险：新农村合作医疗报销难

我国从 2003 年全面推开新型农村合作医疗政策以来，对于缓解农村居民因病致贫、因病返贫起到了明显效果。基本医疗保险、大病医疗保险构成政府主导保障性医疗制度，是保障贫困人群获得医疗服务的社会安全网的重要组成部分。

但是调查发现，边远贫困地区的农村居民参保的情况下跨区域就近医疗，在报销医药费方面面临严重困难，这个现象广泛存在于边远贫困地区。

新农合中跨区报销制度运行之初，没有充分考虑深山区、边远贫困地区村民的实际就医情况，要求他们去上百公里之外县城报销医药费，严重影响了新农合减轻贫困农民医疗负担的政策效果。本章节以贵州省国家级贫困县威宁彝族回族苗族自治县为例来说明这个问题。

威宁彝族回族苗族自治县面积 6295 平方公里，全县两座县级医院均分布在县城，服务半径只有 20 公里，当边远地区居民发生紧急情况或者重大疾病，选择距离较近的市、县求医。威宁县 2015 年 1~9 月，经县合医办转诊跨省医疗高达 752 人次，大部分转往比邻的昭通市、宣威市、鲁甸县、彝良县、会泽县等县（市）政府办医疗卫生机构。石门乡位于云贵川交界处的乌蒙山区，距县城 154 公里，西与云南省的昭通市彝良县只有 40 公里。该乡卫生院设备简陋，技术人员和药品及设备缺乏，只能开展最基础的诊疗活动。当地居民在遇到突发医疗情况或者大病时一般选择跨省到云南昭通求医。据统计，2015 年 1~9 月，石门乡新农合住院报销 307 人次，其中县外就医 183 人次，其中去昭通治疗 124 人次，占全部跨县就医的 80%。这些跨省求医的边远农村居民，在报销住院费用时都面临相同的困境。

出现就近跨区域报销难的原因有两个：

其一，历史习惯，这些边远贫困地区距离自己的行政中心距离远，当地居民在日常的生活中习惯选择距离自己较近的县、市，交换生活物资和获取医疗服务。

其二，优质医疗资源分布不均衡，虽然政府通过深化医疗卫生体制改革在促进医疗资源分布的均等化，但是目前的现状是，越是贫穷的地方，医疗能力越薄弱。贫困地区的县级医院医疗水平有限，当地的居民在遇到重大疾病只能跨省、市就医。

现在新农合是以县、市、省为单位统筹，跨区域医疗费用报销只能在病人出院之后，到县、市合医办办理。新农合报销制度设计不合理带来以下三点问题：

其一，报销比例低。跨区域医疗报销比例一般比省内定点医疗机构低 5~10 个百分点。以贵州省威宁县为例，2015 年省合医办统一建立和运行即时结报体系，规定患者在县外二级和三级医院治疗费用在 1000~8000 元的可报销 50%，费用高于 8000 报销 60%，也就是说县外就医比在县内同等医院报销的比例低 15~25%。这样的制度设计对于那些就近跨区域就医的农村居民来说非常不公平，医疗费用的压力甚至会使得贫困的农民选择不就医，违背了新农合设计的初衷。

其二，报销手续繁杂，繁琐的跨省报销流程更是加重了边远少数民族地区人们的负担。在一份县合医办发的宣传手册上，印发着县外及意义报销需要的手续，包括：县级定点医疗结构出具的《双向转诊审批表》，住院发票，疾病证明书，出院小结，病历复印件，新农合医疗证，居委会证明生病住院情况，派出所或者乡政府出具的无他负责人证明等等共 10 余项证明材料。这些科层所需的文书格式内容的要求多，很多农民目不识丁，没有渠道去熟悉这些要求。在报销过程中，他们时常往返于家里、医院和乡政府，反复提交材料，一些参保农民在这个过程中直接放弃赔付。

其三，报销成本高。边远地区居民办齐了所要求的手续，前往数百公里之外的县城报销的成本高。由于县合医办每天需要处理大量的异地报销的业务，那些星夜兼程赶来县城报销的农民，最少需要等待 1~2 天的时间，在年底的人最多的时候，甚至最长需要等待 3 天时间。这个期间每人每天至少 100 元食宿费，加上来去的路费，对于本就贫困的边远山区农民来说又是一笔沉重的负担，导致了很多贫困的农民直接放弃报销。

地方政府为也意识到了这问题，并且开始尝试解决这个问题。贵州省威宁县选择了 6 个试点乡镇，将报销金额在 5000 元以下的县外就医报销交由乡镇合医办负责。但是，这一试点运行的效果并不理想，半年报销的住院仅有 110 人次。据县合医办负责人介绍，试点效果不理想主要有两个方面的原因。首先是，由于乡合医办工作人员大多并非医疗专业人员，对于新农合报销范围药物审核能力不足；其次是，由于县合医办不能提前预支医保经费给乡合医办，报销采用银行转账到病人家庭账户的方式，一般要延迟 2~3 天。很多农村居民依然偏好去可以获得现金支付的县合医办报销。可以看到，将报销的权力下放到乡镇并不符合贫困地区基层的现实情况，还是应当从就诊医院出院结算这方面入手解决问题。

目前政府对于开放跨区域就医存在这样的疑虑，病人向优质医疗服务机构集中可能造成这些机构不堪重负，同时也会损害周围医疗机构的均衡发展机会。但是，边远山区患者就近跨省求医具有不同的性质，即使存在制度上的限制，在历史习惯、现实交通和医疗条件的影响下，当地居民还是会向附近的优势医疗资源地区集中。因此，政府在注重省级统筹新农合的同时，也应该赋予边远市、区、县一定的自主权，对于由于历史和现实原因形成的就近跨省求医给予一定的政策支持。

首先，让地方政府根据当地人口就医习惯，提高居民常去的邻省、市、县医疗机构的报销比例。其次，统筹全国新农合信息平台，协调邻省的市／县的卫计部门和医疗机构实行就地减免，由几方的医疗机构和政府部门直接结算。最后，简化报销手续，完善信息管理系统，将信息提供的主要责任由政府和医疗机构承担，同时，加强对边远地区居民的宣传，让老百姓能更好地适应新农合的制度运作。

解决好联系和服务群众"最后一公里"问题，是习近平总书记在中央党的群众路线教育实践活动第一批总结暨第二批部署会议提出的要求。解决边远贫困地区居民报销医药费的"最后一公里"是巩固扶贫攻坚成果，让新农合政策真正惠及到贫困人群的重要一环。希望各级政府部门能够根据当地实际情况，帮助边远贫困地区居民解决看病近、报销难困境，实现新农合缓解贫困地区居民因病致贫、返贫的设计初衷。

第六章

生计脱贫：产业扶贫项目应对经济风险

发展生产是我国当下脱贫的重要措施之一，发展生产脱贫一批是脱贫实施五个一批工程中最重要的一项。发展生产脱贫一批，引导和支持有劳动能力的人依靠双手创新、创业，立足当地资源，实现就地脱贫。本章节就大江种植园和新龙村洋芋合作社来讲述新龙村生计脱贫的尝试，以期探索产业扶贫项目组织如何应对经济风险。

第一节 微型企业抵御风险：以大江种植园为例

微型企业最早出现在 2011 年，国务院旨在通过税收政策来促进贫困地区产业发展的方式。减轻对贫困地区微型企业的税收能够帮助微型企业累积资本，获得进一步的发展。贫困乡镇没有微型企业帮扶政策时，贫困家庭及贫困乡镇的发展因资金短缺无法脱贫。至 2015 年，国务院及各省对微型企业帮扶五年有余。微型企业总体发展已初现规模，在扶贫推进过程的问题也逐渐显现出来。

一 威宁县微型企业发展现状

威宁县微型企业发展现状：2013 年，威宁县依照贵州省微型企业政策，开始通过"3 个 15 万"对本县内的微型企业展开产业扶贫。截至 2015 年底，威宁县已经建成微型企业园区。通过微型企业进行产业扶贫的部门包括工能局、人社局、政府办、财政局、国税局、科技局、银监办和发改局等，政府大扶贫因微型企业信息沟通更密切。2014 年，贵州省《关于大力发展文化及相关产业微型企业的通知》指出，经评审合格后的文化及相关产业微型企业创业可享受"3 个 15 万元"政策扶持。2015 年贵州省就新增扶持微型企业 1 万多户，注册资本 10.65 亿元，带动就业人员 5.39 万人。微型企业作为一种新兴的产业扶贫方式正在扶贫攻坚中开始发挥着重要作用。

威宁县金融部门，工商局、信用社等，对微型企业的帮扶主要依据"3 个 15 万"政策，这项政策的具体内容是：财政补贴，农户投资 10 万，其中，为保障促进民族文化及相关产业发展，将民族文化产业的农户投资门槛降低到不低于 3 万。在农户投资的基础额上，财政补贴 5 万，民族文化产业适度加大补贴力度，最高不超过 10 万；另外两个 15 万包括融资担保和税收免收。融资担保扶持政策：信用社等贷款 15 万，还贷利率比普通贷款利率低 40%；税收扶贫政策：免征 15 万元税收。

微型企业帮扶的申请流程比较简单：由乡政府或同级行政部门推荐，由金融部门审核，如果能审核通过，后续的帮扶在未来的 3~5 年到位。为增加微型企业的扶贫覆盖面，微型企业审核的其中一个标准是能够获得帮扶的微型企业必须带动 5 个人就业。课题组在新龙村观察到的获得微型企业帮扶的小企业，与传统种植相关的微型企业，将生态资源优势转化为产业优势的大江种植园。

二　陈大江艰苦卓绝的创业之路

陈大江，汉族，1974 年出生在新龙村一组。为了摆脱贫困的生活，陈大江去东南沿海省份打工近 10 年。在外闯荡的 10 年，让他有了一定积蓄，也获得了技能。他回到威宁县城开了小型农机维修店，经营有方年利润在 10 万元左右。但是，陈大江想到自己走出新龙村可以创业，但是自己的家乡和父老乡亲仍然贫困，便毅然回到家乡开始了创业之路。

2009 年末，陈大江找到新龙村干部讨论租用荒山的方法。2010 年初，由新龙村村民委员会作甲方，陈大江作乙方，双方签订了 100 亩荒山租用协议。新龙村村民委员会为支持陈大江回乡创业，租金仅收取800元/年。陈大江承包的荒山如图6-1所示，可见当时荒山凹凸不平，干旱且有乱石。但这恶劣的情况，丝毫没有减少陈大江创业、带动一方发展的热情。

图6-1　陈大江承包的荒山

（陈大江　摄　2009年）

陈大江回忆2010年~2013年艰苦卓绝的创业日子时，说了下面的一段话。

"我2010年再回到新龙村，荒山承包以后需要解决的事情主要有三件，首先住在哪里？住宿问题的解决成本需要多少？其次是荒山上什么都没有，如何开垦？我曾经在山上几个月都没有好好休息，每天都在翻地。我的老父亲、母亲和我妻子、孩子也过来帮我的忙。还有需要解决的问题是，这片荒山没有通路，面临的问题是，将来种出来东西了，也无法运出去。我只好请我自家堂兄弟过来帮工。我也没有给他们付工钱，只是请他们吃饭、喝点酒。到2012年，才有（自己铺的）这一条2米宽的砂石路。"

图6-2　陈大江开垦荒山

（陈永梅　摄　2010年）

图6-3　请帮工翻地、种植

（陈大江　摄　2012年）

图6-4　大江种植园第一季烤烟即将收获

（杨欣萌　摄　2016年）

　　陈大江开荒、翻地和修路共计投入了20多万元，几乎是他前10年打工赚来的所有积蓄。但是，在承包荒山的前4年，他没有任何收入。荒山很难做其他产业，便种植了核桃、苞谷和烤烟等农作物，成熟期需要 1~3 年，这意味着陈大江的投资期在延长，而没有收益他很难走出创业的困境。

2013 年，大江种植园就以"微型企业"的名义申请了微型企业政策帮扶，也得到了相应的免息贷款。但是，微型企业贷款审批周期长、放款慢，等待周期长，还款周期却短。在核桃还没有收获的时候就要还款了，给陈大江带来很大的还款压力。另外一个难题是，微型企业的帮扶门槛之一就是要有雇佣工人，陈大江无法每个月给工人支付工资。但如何没有雇佣的话，就拿不到微型企业的帮扶。

陈大江多次向课题组说出他对新龙村贫困和创业的初衷。他认为，党和国家的扶贫政策已经是前所未有的好了，但为什么新龙村和村民们还一直如此贫困？最主要的原因就是新龙村没有产业、企业和工厂，无法带动他们脱贫。他回新龙村创业，除了自己致富，最希望的就是能够做大、做强，带动新龙村的乡亲一起致富。这是一条很长的路，陈大江和他的种植园还在路上。

三 风险分析：微型企业帮扶中的隐形门槛

微型企业这种组织方式的帮扶对民族贫困地区产业发展有一定推动，通过金融、税收政策来调控微型企业应对市场的能力。但是，课题组观察到贫困地区对微型企业帮扶政策理解，微型企业帮扶门槛过高等问题导致其精准帮扶并不"精准"，存在瞄准风险。2011 年以来，以微型企业为扶贫组织方式过程的风险逐渐显现出来。

其一、微型企业帮扶政策门槛过高，实际上加大了精准扶贫瞄不准风险。微型企业帮扶申请门槛过高。对于贫困农民来说，很难筹集10万元作为企业启动资金。精准扶贫的"精准"之处是对最需要脱贫的最贫困农民最恰当的帮扶。微型企业帮扶申请对启动资金、对企业资金的政策要求存在将最需要帮扶的贫困农民排斥在外的风险。微型企业帮扶政策加大精准扶贫的瞄准风险，导致贫困地区原本具有致富能力的人能够借用政策优势更加富有，贫困农民因成本不够无法借助政策优势，无法脱贫。

其二、对于拥有微型企业的贫困农民来说，在没有申请微型企业帮扶之前，贫困农民面临着小型企业在市场中求生存的风险，具体表现为微型企业因资金、规模过弱，在市场优胜劣汰的竞争压力很大。获得微型企业帮扶的贫困农民存在的风险：一、帮扶政策解读的风险；二、微型企业帮扶财政补贴、融资担保扶持、税收扶贫政策实施单位不一致，贫困农民接受帮扶需要将大量精力用于行政申请上，在一定程度上，影响了原来的生产工作。三、微型企业接受帮扶必须解决所在贫困社区3~5个人的就业问题，这无疑增加了贫困农民的投入成本，加大微型企业负荷。四、财政补贴及融资担保帮助微型企业资金增加或更容易融资，微型企业面对市场的风险并没有减少。

第二节 抱团抗险：以新龙村种植合作社为例

新龙村除了像陈大江这样的"能人"创业之外，还有抱团取暖的合作社组织。合作社扶贫模式是让农民自组织在一起，集思广义，让致富能人带到贫困农民提高经济收入。农民合作社是在农村家庭承包经营基础上，同类农产品的生产经营者或者同类农业生产经营服务的提供者、利用者，自愿联合、民主管理的互助性经济组织。合作社的目的是能够让贫困农民抱团经营，共同抵御自然灾害风险和市场风险，将个体生产、销售的风险降到最低。政府对农民合作社实行税收、用地和农产品运输优惠政策。对农民专业合作社创办农业科技示范基地、养殖基地以及发展花卉苗木所需用地，在不改变农用地用途的情况下，依法给予积极支持①。

2015年，威宁新建农民专业合作社150家，至此全县在工商局部门注册的农民专业合作社已达1178家，注册总资金超过175286万元，其中种植业类652家，林业类15家，项目养殖类455家，食品加工类19家，其他合作社52家，农民合作社成员14.11万人，占农民成员总数的91%，辐射带动农民16万人，乌蒙山区现代农业进

---

① 支持包括：一是合作社销售成员的产品视同农户自产自销；二是增值税一般纳税人从合作社购买产品可以按照13%进行进项税抵扣；三是合作社向成员提供农资免征增值税；四是合作社与成员签订的产品销售合同，免征印花税。第二，在项目方面，合作社可作为涉农项目主体单位。第三，各地每年都安排一定数量的财政扶持资金。第四，在金融支持方面，合作社纳入信用评价体系之中，给予"先评级后授信再用信"的办法解决合作社贷款难问题。

程得到有力推动。其中，威宁大西北种养殖专业合作社和威宁谊朋永兴养制品专业合作社获得"国家级示范社"称号，威宁谊朋永兴养制品专业合作社还获得"国家级加工示范社"称号。

落地新龙村后，合作社以何种方式、何种程度上帮助农户脱贫。本节通过对新龙村的先后两个合作社，来看全合作社组织方式在山村的运行及减贫效果。

一 前身：新龙村种养殖协会

在展开新龙村产业合作社调查之前，我们在媒体报道上看到很多关于新龙村农业技术协会的专题。时间主要集中在 2009~2010 年。

2009 年，国际金融危机席卷全球，各大工厂、企业纷纷倒闭。新龙村外出的农民工纷纷返回村里。新龙村副主任耿陆芬为了给农村剩余劳动力找出路，想到祖基海拔低、水源好，气候适宜发展蔬菜种植。当时大白菜的市场价走俏，她首先在自己 2 分地里试种大白菜，产量 400 多公斤，卖得 400 多元钱。耳听为虚，眼见为实，村民们都赞同搞蔬菜种植和畜牧养殖。在村民代表大会上，全村筹集资金 53800 元，报经县民政局批准，"石门乡新龙村种养殖协会"（以下简称"种养殖协会"）成立，推选耿陆芬为协会主席。乡政府资助 6000 元作为信息办公经费。县、乡远程提供蔬菜种植技术课程给农户，种养殖户很快掌握了相关技能。各家各户地里都种上了大蒜、辣椒、白菜、茄子、西红柿等反季节蔬菜。

2010 年百年不遇大旱给新龙村种菜、养畜的乡亲们带来严峻的威胁，作为协会主席的耿陆芬自己出资金购买了一台小型抽水机，从 50 米低的地方抽水帮助群众灌溉土地。2011 年石门乡新龙村种养殖户协会已发展会员 100 多名。①

从组织方式上看，农业技术协会的设立，为新龙村合作社的创办奠定了基础。

二　尝试：中药材合作社

距离新龙村委会 5 公里处，在政府产业扶贫政策支持下 2013 年成立的石门中药材生态种养殖合作社（以下简称"中药合作社"），是课题组研究长年关注的一个经济组织。课题组通过对合作社工作人员、社员进行访问，观察这个合作社为贫困农民规避风险情况及其对新龙村的影响。

此中药材合作社并不局限于一村一社，覆盖石门乡高潮村、新龙村等 400 多户农民，入社的贫困户占 10%，土地流入 1500 亩。2014~2015 年，该合作社先后得到县农业局土地补贴 150 元 / 亩，县科技局 70 万元改善烤房设备等。中药合作社 2013 年收益最好，纯收入 130 万元。农民土地流转金 100~400 元 / 亩不等，只在忙碌时会聘请农

---

① 王元康，2011，《乌蒙报春花——记全国劳动模范耿陆芬》，《毕节试验区》2011 年 2 月号。

民做工，每个工 50 元，每年不高于 1 万个工。

中药合作社每年与想要入社的会员签订合同，合同上标明社员种植亩数和最低保护价。合作社在党参等中药材成熟以后挨家挨户按照"最低保护价"收购药材，随后将药材加工卖给对口帮扶企业。

贫困农民在未入社之前大多种植洋芋、苞谷，每亩地每年收入 800 元左右；农民入社以后，原本种植洋芋、包谷的土地种上党参等中药材。中药材的当年收成除了受天气影响，还与当年的烤房、工人的烘干药材技术相关。中药材烤房的使用及烘烤技术对受教育文化程度相对较低的村民来说，是非常困难的事情。但是，改善后的烤房使用率并不太高。

中药材合作社 2013~2016 年的主要是以销售党参幼苗为主，收购成熟药材并不多。中药材的收购按照"7+2+1"分成，即公司占 7 成，农户占 2 成，村集体占 1 成。

但实际上，"石门中药材生态种养殖合作社"同样卖不出去，没有稳定的市场。在调查员观察的这两年，合作社账本上 95% 以上都是小批量卖给散户。这种"农民合作"的方式并没有削弱原来的贫困风险、市场风险，反而新增了入社选择风险和缺食少粮的风险。合作社利用"最低保护价"承诺将贫困农民套住，实际上经营不善的合作社可能根本无力偿还欠款，只好一年接一年拖欠下去。入社的农民经常收到合作社"白条"。贫困农民当年所有劳动并有任何收入，更加糟糕的是，土地用来种植党参，当年也没有粮食收入，导致他们陷入更加可怕的缺食少粮的风险中。

2016年，"石门中药材生态种养殖合作社"搭石门乡"两年改面貌，三年见成效，五年达目标"大建设的便车，依托观音山社区拟进行旅游开发产业发展。搭上便车的合作社，结合易地搬迁工程，为搬迁户提供工作岗位，但可吸纳的人数并不多。2017年新龙村民因中药材合作社迟迟不付分红和工钱，到新龙村委办公室门前跟村干部和收药材的公司讨说法。

三 脱贫：洋芋合作社

新龙村洋芋（马铃薯）合作社是在2015年创办的，属于贵州省政府在新龙村推进的产业扶贫项目，这个合作社种植马铃薯种薯扩繁，目标是创建1万亩。洋芋成熟后收购分成比例为"6+2+2"，公司6成，公司提供种子与农药；村集体占2成，村民占2成。这是一个富有雄心的农业合作社计划，进展怎么样呢？

村民老张是精准扶贫识别出的贫困户。张家7人8亩地，夫妻俩种地抚养1个老人和4个学前儿童。2016年，乡政府规划马铃薯种植基地1000亩，覆盖本村贫困户51户，张家是其中一户。老张发现帮扶的并非本地种子，刚开始并不接受。但是，后经乡政府劝服并承诺找销路才参加种植。然而到了九月，收获的马铃薯产量少，还又小又涩，市场并不接受这样的马铃薯。老张原想卖了洋芋给小儿子看病，结果收入低，连温饱都顾不上了。

据驻村干部介绍，洋芋合作社的收成与最初的期望存在差距。按照脱贫计划，新龙村要在 2017 年底脱贫出列，贫困户全部脱贫。新龙村洋芋生产在帮助村民实现这一目标上是有难度的。合作社意在抱团发展，比较两个合作社，我们发现他们的共同点是：不管是中药合作社还是洋芋合作社都是以"最低保护价"收购农产品。当"最低保护价"低于市场价格时，入社农民经济利益会受损。

山区农产品找不市场的原因，并不是因为农民的组织方式，更多的原因是交通不畅。外来企业去收购的交通成本或者需要克服很大的交通困难才能到当地收购农产品。新龙村的两个合作社对口企业不稳定，或找不到市场。[①] 合作社农业科技培训机会被固定的少数人占有，贫困户没有实际得到帮扶。这样一来合作社对贫困户的帮扶效果被打了折扣。

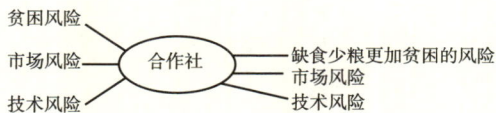

贫困风险 ——
市场风险 —— 合作社 —— 缺食少粮更加贫困的风险
技术风险 —— —— 市场风险
—— 技术风险

图 6-5 合作社成立前后贫困农户风险转变

两个合作社初步实践和尝试，本意是让贫困村能规避成为"空心村"的风险。而一些贫困农看到合作社经营不完善，就选择把土地流转给合作社自己出去打工。这些合作社为吸引青年壮劳力留下，不能不提高工价。日常支出

---

① 访问"石门中药材生态种养殖合作社"市场经理。

增大，增加了运行成本。种植业合作社，怎样能够解决山区农产品的市场问题？如果不能抵御市场风险，不仅不能鼓励农民抱团取暖，山区农民温饱也成了问题。

第七章

贫困村内生发展和"十户一体"蓝图

在新龙村调查中，课题组从内外两个方面来观察扶贫对于贫困村基层组织的影响。从外向里看，扶贫政策进村入户的方式和进度在中国各地乡村是相似的；但是从内向外看，各个村庄内生动力和发展进程各不相同。

在经济社会快速发展，工业化、城镇化推动下，中国很多农村出现了空心村、农民集中居住和村庄合并的趋势，农村基层出现了重经济发展、轻社会管理，重个体发展、轻抱团致富等现象，还有一些村村民居住分散、交通不便村民委员会管辖半径过大、涵盖的农村集体经济组织过多，土地等集体资源、资产权属关系复杂，开展议事协商，反映村民诉求，维护群众利益，调解民间纠纷等关系协调困难。为应对这一难题，威宁县领导和石门乡领导提出在村委会下建立"村民自治管理委员会"（简称自管委），在自管委下组建"十户一体"的三级自治体系的一套制度创新方案。

课题组记录了三级自治体系在这个贫困村的运行过程。在及时记录政府主导的精准扶贫的努力同时，课题组在新龙村也观察到多个行动主体的扶贫探索，比如民间自组织的文化扶贫行动。更重要的是，这里还有新龙人对贫困的反思和对脱贫积极、主动的追求，以及新龙人为脱贫而改变生计的智慧。总之，在新龙村，课题组能够看到来自地质、自然环境和社会环境的不同面向的风险，也能够看到政府、企业、社会组织和农民自组织因风险治理而进行的不同尝试与努力。因此，新龙村在精准扶贫政策实施的观察与分析具有典型性和代表性。

第一节　内生动力：发展主体性的觉醒

新龙村脱贫发展有一股内生动力，这从其推动交通、学校教育的发展上可以看出。本章节以新龙村推动苗族老苗文发展，并带动全县苗文传播来说明贫困村发展过程中的文化主体性。课题组注重考察少数民族文化的变迁，并尝试推动有形文物和无形的非物质文化遗产保护多样化形式。多年以来，课题组持续关注民族文化进校园、民族文字时村寨，观察学校、民间保护传承民族文化、文字的组织过程。本节记录了课题组在威宁观察到的四个苗文培训班的组织过程与培训成果。

威宁苗族的文字又称石门坎苗文、柏格理苗文（Pollard Script），是20世纪初苗汉知识分子在英国教育家柏格理先生引导下集体智慧的结晶，这套文字结束了苗族"有语言没有文字"的历史。石门坎苗文创制出来以后，苗族读书识字的热情高涨。[①]《溯源碑》上的记载当时的盛况："时闻山鸣谷应，牧樵赓赞美之歌，伫见户诵家弦，子妇颂扬之谱"。苗文传播范围之广，超越行政边界、民族边界和宗教教派边界，在川滇黔三省交界地区的苗寨中流传。

20世纪50年代，苗族文字受宗教影响发展受到限制，被迫从学校中退出来。60年代和70年代，老苗文被禁止使用。80年代苗文培训再次进入学校，但效果大不如前。双语教学的传统中断二十年，少数民族地区学校开始汉语教育，苗文教育只在民间零星出现。在苗族的日常生活中，只使用苗语交流、沟通。课题组在威宁县石门乡、龙街、兔街等地了解到，80%的苗族"只说苗语，不懂苗文"。会写苗文的多是年龄较长、学历较高的苗族教师。其他的苗家人表示因不会苗文感到"不好意思"，"如果有机会，一定会学习苗文"。

新世纪以来，少数民族地区汉语教育苗族学生成绩与老苗文再无关系，而是与汉族学生同样接汉语考试，学生

① 沈红，2007，《结构与主体：激荡的文化社区石门坎》，北京：社会科学文献出版社，第135页。

成绩的好坏只与汉语掌握程序相关。因此，越来越多的苗族人开始担心苗文会因其不再作为学生教育考核标准被年轻一代认为"无用之物"，学生对苗文学习的忽略会直接影响苗文的代际传播。课题组在石门乡一个苗寨访问组织民间苗文培训班的主要负责人，他表示"苗文在学校中已经找不到一席之位，娃娃们平日里在学校忙功课。如果我们再不把苗文捡起，教娃娃们学，苗文怕是传不下去喽"。

百年沧桑，贫困的苗族发展乡村教育的历史光辉并未褪去。民间苗文培训班在这样的情况下应运而生。

一 组织形式：自组织的苗寨盛会

2014 年以来，课题组在威宁县观察了龙街镇、石门乡和兔街乡的四个苗文培训班，龙街镇天生桥和石门乡新龙村大水塘办班场地在学校，在暑假期间分别由石门坎苗文促进委员会、当地苗族老师动员、组织苗寨村民办起来的。石门乡年丰村苏科寨和兔街乡新升村觉乐块是以当地教会为依托，在教务组与当地学校苗族老师动员当地村民在寒假办起来的培训班。课题组观察、参与了四个苗文培训班的组织过程，从起草动员村民组织办苗文培训班到结业典礼。苗寨村民在极艰苦、资金短缺的条件下，将办班成本压缩到最小、收益扩散到最大。

石门乡是位于威宁县城西北 154 公里的边缘贫困山乡，是石门坎苗文的发源地。2012 年，由石门坎苗文教育促进会陶绍虎老师在石门乡荣合村动员、组织第一次苗文培训班。第一次苗文培训班的成功举办给石门乡、威宁县苗寨极大的鼓舞和信心。在 2014 年 8 月、2015 年 2 月，石门乡新龙村大水塘和年丰村苏科寨都举办了学员过百的培训班。

2015 年 7 月，龙街镇天生桥同样办起苗文培训班。龙街镇是位于威宁县城西北 70 公里的农业山乡，也因独特的喀斯特地貌而得名。这里历史上曾是石门坎光华小学第一分校。天生桥苗文培训班在苗民们千呼万唤后，伴着灼灼烈日火热开班。

2015 年 9 月，兔街乡觉乐块教会赴石门追悼柏格理先生逝世 110 周年。觉乐块教会了解到石门坎等地苗文培训班办班的可行性。他们效仿石门坎苗文培训班模式，在 2016 年 1 月在兔街办起苗文培训班。苗文培训班一般为期 7-10 天，主要讲授石门坎苗文（老苗文）、音乐（音乐、乐理、指挥）。教会组织的苗文培训班还包括阅读圣经等课程，接受这个课程的学员多为妇女，希望她们通过育读经书识苗文。

二　经费不足也努力办培训班

贫困山乡民族文化传习班面临缺少经费支持的问题，但是课题组观察到，这些乡村苗文培训班都在极度缺乏经费的情况下成功举办了苗文培训班，参加学习的村民和学生数量约 550 人。课题组将四个苗文培训班的办班成本与筹到的经费做了对比。

表 7-1　民族文化传习办班成本与筹款比较

培训班名称	学员数量（人）	办班成本与筹款之比
石门乡大水塘苗文培训班	120	1.14：1
石门乡苏科寨苗文培训班	150	4.15：1
龙街乡天生桥苗文培训班	136	1.84：1
兔街乡觉乐块苗文培训班	142	2.14：1
小计	548	

资料来源：调查员对培训班组织者的连续访问。

由数据可知，四个苗文培训班办班成本与筹到现金之比最小的是石门乡大水塘苗文培训班为 1.14：1，而成本与筹款相差最大的是石门乡苏科寨苗文培训班 4.15：1，相当于苏科寨苗家人用手里仅有的一元钱办成了需要四元钱才能办成的事。这样的办班经历让"没钱是万万不能的"不攻自破。苗民是如何做到在经验远远不够时顺利办班的？苗民投工投劳，"众筹"物资：苗民在冰天雪地中捡柴并一筐筐背到苗文培训班；是你家一块肉，我家一袋米奉献出来的；是每个深夜大家围着柴火堆，你一言我一语共同协商出来的。

三　多方参与、共同协作

苗寨里的村民是民间苗文培训班的主体。同时，课题组了解到每一个民间苗文培训班的成功举办都是多主体共同协作的主体。四个苗文培训班的主要参与主体如表 7-2 所示。

表 7-2　民族文化传习参与主体

苗文培训班名称	参与行动主体
大水塘苗文培训班	苗族代课教师、苗寨村民、乡领导、石门乡小学、助学网 3；
苏科寨苗文培训班	苗族教师、苗寨村民、苏科寨教会、县乡领导、县苗学会、助学网；
天生桥苗文培训班	石门坎苗文促进会、天生桥小学、村干部、苗寨村民、乡领导、助学网；
觉乐块苗文培训班	苗族教师、苗寨村民、觉乐块教会、县苗学会、助学网

资料来源：课题组根据田野调查笔记整理。

　　苗族教师是苗文培训班最重要的构成。在四个苗文培训班中，除龙街天生桥是由石门坎苗文教育促进会的陶绍虎、杨世武老师授课，其他三个苗文培训班的授课老师大多是退休的苗族老师，他们将教授苗文视为己任。课题组发现讲授苗文的老师普遍高龄化。课题组在石门乡接触到的 6 位苗文教师平均年龄达 63 岁，可见苗文培训的紧迫性和民族文字消失风险之大。为节省开支，这些苗族教师多次表达愿意义务授课，把苗文扎根村寨。

　　四个苗文培训班学员共计 548 名，主要以在校生为主。这些学员中，最小的学员仅 6 岁，学前班在读，年龄最高的学员 71 岁。山区交通条件不便，天生桥苗文培训班为部分外来学员提供住宿，最远的学员家庭住址距离苗文培训班开班地点 70 公里。学员家乡范围覆盖云贵两省的六个乡镇：威宁县龙街镇、石门乡、兔街乡、黑石镇、麻乍镇和盐津县生基坪。

　　苗文培训班除苗族教师和学员之外，村寨里的教会与学校为培训班提供场地，使苗文培训成为可能。同时，助学网给石门乡、龙街乡和兔街乡四个苗文培训班少量的支持。

四 县乡政府的鼓励和支持

民间苗文培训班的成功举办离不开县、乡领导的大力支持。课题组对威宁县苗文培训班的观察发现：石门乡政府干部、石门小学校长对新龙村大水塘苗文培训班的重视，他们出席了培训班的结业典礼，并为优秀学员颁奖。苏科寨苗文培训班更有威宁县民宗局安德康副局长、县苗学会王庆华会长、县民政局张荣发股长、县民宗局杨道才老师及石门乡政府干部莅临指导，领导们高度赞赏苗族同胞克服困难学习苗文的热情，也表达了他们对苗族传统文化继续传承的殷切希望。县、乡两级领导在与学员交流时，不断嘱咐他们、鼓励他们。龙街镇副镇长、政法委书记、综治办主任出席了天桥苗文培训班结业典礼，同样这也是对龙街镇苗族同胞学习苗文的极大鼓舞和支持，对苗文培训班的举办有巨大的推动作用。正在如火如荼进行中的兔街觉乐块苗文培训班同样得到威宁县苗学会的大力支持，王庆华会长及兔街乡苗学会联络员与觉乐块苗文培训班负责人共同商讨、解决培训班教材及奖品。

五 激活历史记忆 苗文进入生活

石门乡、龙街乡和兔街乡的四个苗文培训班累计培训人次 548 人。苗文培训班结业考试成绩平均为：苗文考试及格率 81%；音乐考试及格率 86%；苗文诵读及格率 92%。

课题组访问不同的接受苗文培训的人，苗文课的最大收获是什么。在校生回答"不光会说苗语，还会识、写苗文了"；妇女告诉课题组"终于不再是文盲"、"识得《圣经》里的字了"。组织苗文培训班的负责人还会讲出办班与教学经验中的不足，争取在明年办班时规避不足。

　　石门坎苗文是威宁县民族教育历史的集体记忆，承载着少数民族教育的辉煌历史。如今，通过一次次的苗文培训班，苗文进入课堂也开始进入山村日常生活。课题组观察到：在大水塘雪后，刚上过苗文培训班的小学生，在他们堆的雪人上贴出爱心提示中出现苗文，他巧妙地学以致用，如图7-1所示。

图7-1　学以致用的苗寨小学生

（杨欣萌　摄　2015年1月）

　　课题组注意到，民间苗文培训班呈现出这样一些特点：

　　第一、苗文培训班是社区能力建设，充分体现社区自组织的能力，展示社区的智慧与凝聚力。苗寨社区的自组织能力极强，在经费短缺的情况下也能够办好苗文培训班。

第二、举办苗文培训班的成功案例能够在苗寨迅速传播、复制。民间自筹办苗文培训班的经验在苗寨中相传，并能在很短的时间内尝试。如兔街乡觉乐块苗文培训班在2015年9月到石门乡了解到民间办苗文培训班的事情，在2016年1月就成功落实举办属于觉乐块的苗文培训班。

第三、苗文培训班得到县级、乡级领导、苗学会、学校等支持。县、乡两级领导对苗族同胞的温暖鼓励也是他们继续办好苗文培训班、传承苗族传统文化的动力和支柱。苗寨里的苗民们在培训班结束后依旧津津乐道领导们亲力亲为给他们支持的善举。同样，我们珍惜苗族同胞对民族文化的热爱和民族文字传承的激情，保护他们对于苗族传统文化珍视的赤诚之心，支持不断克服困难、努力做出的一次又一次尝试。

第二节 包村扶贫：借力驱动、跨越发展

一 包村扶贫制

精准扶贫中，采取领导包村、干部驻村、第一书记、结对帮村等制度化方法，让干部力量下沉到村组、前移到基层扶贫一线。具体分析有三个步骤：第一步，领导包村制，对行政村进行脱贫责任分解，确保每个村有1名乡领导包保，不脱贫不脱钩。第二步，推行"五类干部到五类

村"机制，为各村选派1名村"第一书记"和4-6名驻村干部，对"第一书记"和驻村干部的工作要求是，坚持吃住在村、工作在村。第三步，结对帮扶方式，将当年计划脱贫的贫困户与全乡干部结成帮扶对子，实现贫困户挂钩联系全覆盖。乡政府组织全乡干部职工遍访贫困农户、走访特殊群体、一线接访群众。要求各级干部下田间、进村寨、进农户，摸排精准识别贫困户，一户一寨一村制定措施，一户一档精准管理。

"空降"的第一书记和驻村干部。2016年，石门乡第一书记11人，驻村干部60人，大多是从上级单位下派或从其他乡镇选派来的，本村干部仅占25%。本村干部人均受教育5.1年，不能胜任资料处理工作。石门乡驻村干部大多原本不从事扶贫工作，没有相关受教育知识背景。课题组访问过的26名驻村干部大多表示，他们并非自愿来到石门，是单位委派过来的。在石门乡"锻炼"的履历或许能给他们带来升职、加薪的机会。精准识别走访和填表工作繁重，山路不易行走，到新龙村六、七组更是难上加难。驻村干部表示"有事才会下六、七组，一两个月去一次"。调查员在六、七组进行问卷调查时，走访的20户村民均表示从未得到过驻村干部的任何帮扶，没有见过驻村干部，甚至不知道驻村干部是谁。

举例说明。新龙村来过一位年轻干部小蒲，2011~2012年在此任村党支部副书记，相当于现在的第一书记。他是省委组织部选调生，被选调到威宁县城乡规划局工作，又被单位选派到石门乡新龙村驻村。与其他干部不同，他是自己申请来的，对驻村很投入，忙得不亦乐乎。为在春耕农忙时节能尽快适应工作、转变角色，他放弃婚假，与新婚妻子暂时分居两地。他白天与村民同吃同住同劳动，认真走访，了解村情民意。晚上加班加点，指导村干部填报各类表册。驻村半年，他联系县农牧局，为新龙村引进良种马铃薯种 1500 斤，蔬菜种植项目 6 个，帮助 5 家贫困户发展蔬菜种植 8 亩，发放良种种猪 25 头。预计到当年年底 15 家贫困户每户可增收 3 万元以上。特别是在 9.7 抗震救灾中，一户一户摸底排查、汇总灾情，新龙村 8 户农户受灾严重，小蒲非常及时地向县城乡规划局汇报了贫困村受灾和危房情况。[①]

二　精准识别的问题

建档立卡的逻辑是通过指标体系测量出农户家庭的贫困程度，用具体的分数体现出来。另一方面，精准脱贫的贫困人口数量控制是自上而下的。具体的过程是：省级政府计划通过何种方式脱贫多少人口，经由市、县两级，下达至乡级政府。乡政府拿到脱贫指标后，根据所辖村庄的贫困程度来分配脱贫人口数量。在精准识别、脱贫考核过程中存在一些问题：

第一，"五看法"指标赋值或加权道理没解释清楚。"五看法"指标体系聚焦于家庭内部的测量，没对家庭所在的社

---

① 贵州记者，2013，《让组织放心 让群众满意——威宁县城乡规划局驻村干部蒲晟参与抗震救灾侧记》，当代先锋网。

区贫困程度和所处环境进行测量。新龙村六、七组与二组居住环境、交通条件、精准帮扶可及性大不相同，直接关系是否能脱贫。其次，不明就里地对不同的指标赋予不同的权重，"一看房"赋值28分，"二看粮"20分，"三看劳动力"22分，"四看读书郎"15分，"五看家庭健康"30分。同样，每个小指标也被赋于不同的值。但是，为什么被赋予不同的值，比如房子28分粮食20分，没有交待清楚。

第二，在考评机制的重压下，驻村干部往往会通过打电话给最偏远组长的方式搜集信息。两个村组长均从未入学读书，工资200元／月。过低的工资，过多的要求，组长们常常能躲就躲。不熟悉村情民况的驻村干部，根据对农户有限的了解也就只能敷衍了事。

第三，极少农户能参与到精准扶贫中，贫困户被动地进入或退出扶贫名单。课题组在新龙村展开随机调查，抽中的70户家庭中大多数听说过精准扶贫，但对政策熟悉程度只有1.22分，满分10分。对精准扶贫的精准和公平程度分别打分为1.76分和1.67分。新龙村民并不清楚自家的建档立卡分数，甚至不知道什么是"建档立卡"。70户家庭从未参加过低保评议会，更没有在低保评议会或本村扶贫会议上发过言。村民们到年底拿着存折去乡上信用社查存款，如果有钱就是有"对口帮扶"或者低保金，没钱就是"被退出"了。虽然精准脱贫考核程序设计中需要贫困户签字，但是这在实际工作中并没有起到监督作用。2016年，新龙村"被退出"的36户贫困户表示从未签过字他们认为，可能"代签"情况严重。

第四，精准识别与精准脱贫考核脱节。到村到户建档立卡完成之后，进入县扶贫办精准扶贫台账中。贫困类型或致贫原因重新按照缺资金、缺劳力、缺技术等进行比较粗的分类，从每户100个指标的"精准测算"又变成几大类"粗放识别"，先前大量的识别工作无法成为精准帮扶的判断依据。县级单位不负责精准识别的复核工作，为了在短时间内快速完成扶贫项目资源与帮扶对象的对接，工作人员会从建档立卡中抽取粗放归类的贫困户信息。但是，针对像"缺资金""缺劳力"这样的贫困户，怎样有效地、有针对性地帮扶才能脱贫为精准帮扶留了难题。

第五，程序化的精准脱贫考核指标没有测到实处。我国现有的精准脱贫考核指标，主要依据精准管理的内容来考核，而非与精准识别出的多元贫困相对应的考核指标。以马铃薯种植项目为例，政府精准考核程序是以"项目管理"的方式进行，项目资金花完即是项目结束。乡政府给农户找马铃薯市场不是项目要求的内容，就成了"空头支票"。另外，精准脱贫考核不具可持续性、没有长时间跟踪机制，也没有返贫的风险测量。

第三节　村三级自治体系的新尝试

石门乡"村两委 + 自管委 + 十户一体"三级村级自治

体系改革，进一步缩小管理半径，更能倾听群众呼声、了解群众诉求，打通管理神经末梢，解决联系服务群众"最后一公里"问题，实现和维护了农民群众的民主权利，促进了农村建设和发展，有效拓宽了群众的知情权、参与权、决策权和监督权，强化了民主意识，形成"村支两委揽全局、自管委成员挑重担、十户一体齐参与、人民群众做主人"的村民自治新格局，实现了小事在"十户一体"内解决、急事在自管委内解决、难事在村委会解决，使得基层党员干部和人民群众能从繁杂的日常事务中腾出精力来思发展、谋发展，抓发展。

村两委。

在 2017 年初第十届村两委换届选举中，石门乡共选出村支部书记 14 人（新当选 11 人），其中机关干部选任支部书记的有 9 人，机关干部选为村支部书记，他们既能发挥高屋建瓴的统筹作用，也能脚踏实地的为民办实事、办好事。

新龙村实行海选，选贤举能，把能力强、真心实意为群众办实事的人选进村两委班子。村支部书记是本村村民，作为村班子的领头羊，设想村党支部的领导"自管委"组织实施，组建"十户一体"联产业，根据产业主体意愿，整合土地、资金、人力、技能入股或领办专业合作社，共同发展乡村旅游、生态养殖、特色种植、交通运输、建筑家装、电子商务等产业，实现产业共做、风险共担、利益共享。

自管委。

在村两委下组建自管委，设计目的是提升村民自我管理、自我教育、自我服务、自我约束的意识和能力，在推动基层民主、发展农村经济、管理公共事务、决战脱贫攻坚等方面充分发挥主导作用。全乡共组建"自管委"116个，覆盖486个"十户一体"，覆盖5448户20613人，初步实现小事在"十户一体"内解决、急事在"自管委"内解决、难事在村委会解决。新龙村干部说，这个三级自治就是以前的一个组改成自管委，新龙村组建"自管委"7个。新龙村二组离村公所近不能再有自管委这个公共活动室的指标。①

十户一体。

在自管委下，设社会管理型和经济发展型两类"十户一体"，形成"自管委＋十户一体"农村治理新体系。把10户左右居住相邻、便于管理、技能相似、产业发展愿望相同的农户捆绑成一个自管自治、共同发展主体（十户一体），通过各级各部门的精准扶贫、项目扶持、资金扶持等外部集中帮扶措施和内部强村带弱村、强户带弱户、富户帮穷户等帮带方式，农户取长补短、互促共进，带动农户以土地、资金、人力、技能等加入主体产业发展，实现党带群、强带弱、富带贫的工作新格局，实现抱团发展，共同致富。

新龙村养殖大户金伟当选"户长"后，被当地媒体报道：新龙村"十户一体"养猪项目位于三组，项目占地面积400平方米，现有圈舍21间，养猪36头，参与农户8

① 课题组2017年对村委会的访谈。

户。金伟带领 8 户农户按照自身的条件分别以土地、资金、人力、技能加入发展团体，把有限的劳力统筹起来，组成一个自主管理、自主发展，共享资金、技术、管理资源，相互兼顾、相互帮助、抱团共谋的发展团体。他的"十户一体"根据农户实际情况进行不同比例投入股金，到年终分红也按照入股资金的比例，2016 年年底，第一波生猪售卖之后，金伟带领的这几家养殖户每家都有 2 万元以上的收入。①

石门乡从 2016 年初开始推进"村两委 + 自管会 + 十户体"新政策，最早在石门乡女姑村进行。新龙村的三级自治体系已初步建成，村民覆盖率达到 100%。三级自治有管理、产业两种类型，对应的是社会保障和发展生产两种发展模式。

与农业合作社类似的是，"党支部 + 专业合作社 + 十户一体"扶贫组织模式。课题组在石门乡女姑村观察到农户结对的名单，全村几乎全部结对。十户结对完成，可以申请 30 户的扶贫资金帮扶。但在实际走访中发现，部分村民不知道"十户一体"。

三级自治是否能解决贫困村民的发展诉求，课题组分别访问了村干部和村民。其中村民的回馈比较单一，因为全乡各村迅速推行三级自治，村民还没有清楚体会到"三级自治"与原来"两级自治"的区别，就已经接受动员参与其中了。

---

① 马召凤、蔡婷，《谋发展出路 走产业新路——2016 年石门乡发展致富产业侧记》，威宁每日新闻 2017 年 1 月 16 日。

从访谈中可以看出，新龙村委员会对三级自治的理解接受经历了一番曲折，开始他们对贫困村的发展抱有强烈期待，在提出诉求解决问题的过程中逐渐趋于冷静。

村干部 2：政府经常跟我们讲要依靠"十户一体，抱团取暖"，但是，怎么做呢？我们做不到的原因是：一、老百姓不认得什么是十户一体，他们不了解政策，也没有哪个人去告诉他。二、三级自治讲究的是"自治"，"自治"确实是好，老百姓去村里办事的时候有个自己的地方，村里也有个能集中办事的地方。

村干部 1：我给你讲，现在这个三级自治这个嘛。我起初干的时候我真的是满有信心的！因为我看到他们搞三级自治这个是真的很好，但是我就是被卡在这个三级自治这里。然后……因为不是我们自己的钱，人家没有钱了。所以你问我，如何看待三级自治这个，应该就是，三级自治本来就是很好的一个管理方式，但是老百姓跟不起来，他们对这个东西不认识。

调查员：为什么老百姓不了解三级自治呢？

村干部 1：怎么能认识呢？给自己带来了伤害的东西，你还会认他？但是说实话，老百姓跟不上，政府也跟不上。你看我们一组就是很好的例子，就是政府一开始就像他讲的，我们现在咋会这样头疼？现在是拖了我们，老百姓都反感了。

调查员：就是你说的六个活动场所是吧？都打算修在哪里？

村干部1：都已经修了，每个组就是改为自管委，他现在讲的三级自治就是村委加自管委加十户一体就叫三级自治。村委会，然后下面自管委。我们二组的靠村公所近就没有！还有，他不在政策范围内就没有修二组的。除了二组的其他六个组都有。一组的那个就在大路边，自管委的可能还有篮球场，但是没有修好，我头痛的就是钱还没有兑现，他只来过五万元的启动资金就卡壳了，他本来是按1000元一个平方算起来是一共有18万多元工程（款）。来了5万元启动资金。我跟老百姓商量好了，也拿自己的地跟人家换了，就是想给这个活动室换来一个好地方，结果（政府的）钱不到位。我以前跟老百姓说的事情现在是无法实现，老百姓心里恨我恨得紧。以前我都是敞开大门睡觉，我现在都不敢那样，心里有愧。总之，村委会已经被架空，村委会什么都没有，没有资金和号召力来组织老百姓。

目前，课题组在新龙村看到的都是政府新推行的"三级自治"的硬件设施建设。三级自治，尤其是关乎村民的"十户一体"具体运行怎样，还需该政策在当时实行一段时间才能见成效。

第四节　进一步讨论：喀斯特深山贫困村庄的风险治理

旨在推动农村发展的精准扶贫战略在乌蒙山区地区取得巨大成绩。与此同时，伴随着扶贫开发的大力推动又带来了许多社会发展风险和问题，以及社会变迁中乡村传统文化和生计方式的不适应。从社会流动导致"空心村"和推进精准扶贫战略两方面来说，乌蒙山区贫困村既有特殊性又具有普遍性。新龙村的特殊性在于与我国东部大量出现的空心村不同，空心化程度不明显。相对来说，其乡村传统文化和内生发展动力并没有遭到完全或大程度、大面积地破坏。而新龙村目前已经成我国精准扶贫精准脱贫推进的主战场，大量的精准扶贫政策在这里落实、推进，我们既看到了精准扶贫的成果，也看到了一些不适应问题及其产生的发展风险。

新龙村的发展风险在精准扶贫进入前后有所不同。在精准扶贫项目进入之前，新龙村的发展风险主要是自然生存风险，因恶劣的自然环境和工具、路径缺乏而形成的风险。在扶贫项目落实过程中产生的社会风险，即国家政策进入边远乡村过程中的磨合过程，"国家—社会"互动过程中产生的乡村发展的风险。也就是说，新龙村在脱贫进程中遇到三个层次的风险。其一，新龙村地处乌蒙山区，环境恶劣，自然灾害频发是基础的生活、生产风险；其二，自然环境恶劣引起的市场风险，是在市场为导向的增加经济收入为目标的扶贫项目、扶贫政策实施过程中遇到的风险；其三，社会发展风险，即当地政府和贫困村民在防御、治理自然风险过程中遇到的新的风险，如产业扶贫风险和精准识别风险。

产业扶贫的风险治理。贫困村建立合作社意在抱团发展，但是山区农产品不一定就能拥有市场。原因多样，外来企业去收购的交通成本高，当"最低保护价"低于市场价格时，入社农民经济利益会受损。贫困户缺少农业科技培训机会，也使帮扶效果打了折扣。

这个村合作社初步实践和尝试，本意是让所在村远离成为"空心村"的风险。而一些贫困农看到合作社经营不完善，就选择把土地流转给合作社自己出去打工。这些合作社为吸引青年壮劳力留下，不能不提高工价。日常支出增大，增加了运行成本。种植业合作社，怎样能够解决山区农产品的市场问题？如果不能抵御市场风险，不仅不能鼓励农民抱团取暖，山区农民温饱也成了问题。

精准识别的风险治理。当地政府意识到精准扶贫前后不一的问题时，力求以结对帮扶解决这样的问题。威宁自治县派公务人员与事业单位工作人员结对帮扶，意在让公职人员与贫困农户之间建立桥梁，链接资源，持续地帮扶。公职人员按照要求到帮扶对象家中拍照取证。公职人员表示，他们同情贫困户的贫穷遭遇，愿意给自己的结对贫困户200元以示安慰。但他们也认为这样的一对一结对帮扶效果有限。再比如，政府提出对于贫困户进行"两年对比"，意将贫困户前后两年的经济收入情况进行对比，看其贫困状况是否有所好转。实际工作中，驻村干部有时找不到前一年建档立卡资料。驻村干部与村干部将建档立卡资料提交后，每年只有两天时间查阅和修改资料。石门乡距县城远，交通不便，很难在接到通知后在规定时间内完成工作。

我们提出政策建议和一些比较实事求是的做法：

其一、精准识别指标体系应借鉴得当，提高群众在识别中的主体性作用。石门乡借鉴了2009年迤那镇实施的"五看法"，把不易计算精准的收入指标转变为贫困家庭五个特征。建议增加对社会环境与脱贫资源的测量。同时，由重"量"的指标测量向"量"、"质"并重的测量转化，比如人均耕地测量，既要看人均亩数多少，也要看土地质量。发挥群众在精准识别中的主体性，指标体系适当增加主观题目，请户主推荐三到五户本村最贫困的家庭。

其二，提高群众在精准扶贫过程中的参与度。提高群众在精准扶贫中的参与度，以不同组织形式"政府＋合作社"、"政府＋企业"等的产业扶贫，群众作为最重要的第三方应该加入其中，对产业的选择、种养殖方法等有发声的权利，选对产业并用群众擅长的方式去经营，才能防止"越扶越贫"现象出现。此外，驻村干部、基层干部应该及时向群众讲解扶贫政策、收集群众对精准扶贫成效及公平程度的看法，并及时依据政策做出调整。

其三、倡导精准扶贫队伍本土化。鼓励贫困村年轻人参加扶贫工作培训，为村干部组织电脑操作学习课程，引进村内大学毕业生，择优从事扶贫工作。

其四，更新建档立卡资料库。对脱贫户进行长期跟踪、建立返贫机制。除在精准识别中增加群众意见，在考核中也要增加群众的意见。对贫困户是否脱贫进行自评、互评，也可由最早提请户主评估贫困户、低保户近年的脱贫情况。同时，脱贫考核对减贫户的长期跟踪，确保返贫能被及时发现，而不只是"数字脱贫"。偏远山区县级单位要放宽基层干部、驻村干部对建档立卡资料的查阅、修正时间，保证建档立卡资料及时更新。

其五，在民族地区增加对文化扶贫项目的政策倾斜，一方面有利于保护民族文化增强社区团结和凝聚力，一方面也有利于乡村原有的、传统的社会互助功能的持续发展，保护贫困家庭遭受交通事故风险造成的意外伤害。当大量的农村人口从乡村流向城镇，农村劳动力从农业转向非农业，西部贫困乡村在流动趋势下渐渐"空心化"。新龙村民自主发展的文化学习活动，帮助贫困乡村激活社会原本的内生发展力量，应对发展的风险和挑战。

改革开放以来，我国在扶贫减灾领域取得了重大成就，作为"中国经验"被联合国和世界银行称道。面对2020年实现全面消除贫困的百年目标，我国减贫事业仍然面临着重大挑战。中国社会科学院"精准扶贫精准脱贫百村调研"项目展开，课题组以新龙村调查报告记录了我国精准扶贫5年以及改革开放40年深度贫困村庄的山乡巨变，具有理论研究和政策实践的双重意义。

附 录

附录一：新龙村基本村情访谈（2014-2017 年）

访谈地点：新龙村

受访者：金灿、陈大江、张礼昆等

调查日期：2014 年 8 月、2015 年 1 月、2017 年 8 月

调查员、整理人：杨欣萌

村庄经济

调查员：请您给我们介绍一下新龙村的情况：在整个人口土地大概的基本情况，民族构成。在全乡来说新龙村的经济状况、发展思路是什么，或者说乡政府给你们村制定的发展规划里希望你们做什么？

村主任：我们全村有 1720 人，户数 375 户，我们这里邻村有一个做药材，是村里支持的。我们是没有的，也没有试过办村经济。但是村里老百姓有一部分就是种核桃，种麻芋子，养猪，但是发展得也不像样的。老百姓生活来源的主体还是种的苞谷洋芋，其他的都没有。

调查员：我们这个村出去打工的大概有多少？村民的收入大概有多少？

村主任：几十人，应该不超过 100 人。在外面打工的。全村 1700 人，劳动力可能应该是在 700-800 人左右，占一半。外出打工的应该是接近百十来人。2014-2017 年

外出打工的人一直不稳定，但基本上是出去两三个月又回来，然后又走。他们大多数以建筑为主、进厂的少，进厂就是制造玩具，绿化业的少。但是人数都不多，还有一部分就是在外地摘棉花，有些人去新疆摘棉花，但摘棉花应该属于农业。

调查员：村农民人均年收入是多少呢？

村干部：确切的数字统计，村干部是不掌握的。整个村下来的年纯收入平均在 3800 左右。但是，这个数字是不准确的。

调查员：新龙村有没有合作社？

村干部：有，但不属于村里面的。它是"农户 + 公司 + 政府"模式，但是这个权力更多是在公司里面，不在村里的。目前，我们村参与合作社的户数有 140 多户，人数有 400 多人。他们中有土地流转的、有做过工的。村民们做的是包工。在合作社做工的人应该有 50 多个，每个工 50 元左右。每家分成绝对分不了多少，因为合作社没有收成。

调查员：为什么？是气候不好？还是没有长好？

村干部：应该是管理上也有问题，种子上也有问题，种植技术上也有问题。其实在这个地方种药是最好的，因为天气较好。但是现在有很多地方不能收入，就像我说的技术上，管理上的问题。我看他们种的时候，他们把种子放在土里面没有放什么，然后就把种子用泥土盖上了，有的人看见种子少就把种子的距离拉大。烤烟一般单产公斤都是在 200 公斤左右。

贫困变迁

调查员：那 2014–2018 年的贫困户数各有多少？怎么致贫的？脱贫人数？如何脱贫的？

村干部：2014 年的贫困户有 20 户，贫困人口有 79 人。各类致贫人数现在不太清楚了，已经记不清楚了。但是，2014 年的大多数都脱贫了。脱贫的主要方式是发展生产。

2015 年，新龙村贫困户是 27 户，贫困人口数是 131 人。因病致贫的有 1 家，5 个人。因学致贫的有 2 户，13 个人。其他的都是缺劳动力致贫的，也还有些是缺路致贫的。2015 年这些贫困户没有全部脱贫，应该说是到现在他们那一批人才全部脱贫。这个怎么说呢，因为 2015 年贫困户应得的补助金，今年才打给他们，他们才算脱贫了。

2016 年，新龙村贫困户是 20 户，贫困人口数是 84 人。因病致贫的有 2 家，7 个人。因学致贫的有 1 户，3 个人。其他的都是缺劳动力致贫的。2016 年全部脱贫了，主要是通过生产发展养殖。

2017 年，新龙村贫困户是 22 户，贫困人口数是 93 人。因病致贫的有 3 家，15 个人。因学致贫的有 6 个人。其他的都是缺劳动力致贫的。2017 年的贫困户已经全部脱贫，主要是通过基础设施建设和发展生产。2018 年会有更多人脱贫。

村庄组织：三级自治

调查员：现在村里的三级自治做得怎么样？

村干部：按政府的安排，我们启动了十户一体，但是没有真的启动。我们都不敢做，我们也做不到。这个是最直接的问题是要有点项目去支撑才能带动产业的发展，一点项目没有支撑，它就是形式上的问题。三级自治这个目的是很好，真的不敢说不好，但是就是要兑现，实际上却没有兑现。实际上，村委会有了，自管委、十户一体也已经启动了。但是只有启动、没有资金它就不完善，起不到作用。所以现在最想的就是赶紧（收到）尾期款，后边把它完善起来。三级自治确实好，我们去村里有个自己办事的地方，老百姓也有个集中的地方。还有十户一体在兑现，现在很多人都想做事，想养牛养猪，想喂鱼，也在修鱼塘。

调查员：所以这个三级自治现在是存疑的？

村主任：这个项目真的不现实，把之前已经承诺的启动了，现在我最想要的就是赶紧结束这些。像飞姑这条路到现在都还没有修好，栽烤烟之前，我就带领导去看，领导说要马上启动。然后我就给老百姓讲，说今年你们终于熬出头了，再也不用人背了。但是，到现在烟都快收完了，路还没有修好，还是要用人背。如果是把这些产业路，通组路兑现起来，我们就足够了，其他新的项目我们会自力更生都可以发展起来。

我之前就想，三级自治这个模式，我都尽量争取这个活动场所在路边，然后再去争取路灯串连起来。现在三级自治模式已经是全乡推广了，但就是资金出了点问题。这个模式修起后，我想应该不到一百个路灯，投资也不大。

你看这条从高潮到年丰的路，只有我们新龙一组和新合的四组都没有路灯。你说这样老百姓会平衡吗？有些老百姓肯定有怨恨，但是，因为天时地利没有优势。但是我们新龙一组和新合四组有这些优势，但是现在的扶贫项目都达不到。

农业专业合作社

调查员：我们这里去年有马铃薯合作社吗？今年又叫你们中药材合作社，还有土地就转金的问题。去年马铃薯新龙有多少户参与？最后他们拿到分红了吗？或者是拿到土地流转金了吗？今年又是什么样？

村干部：去年的马铃薯，他们讲的合作社我作为一个农户没有看见。马铃薯我去年种的，我看到写的是合作社，但是又好像不是，我觉得是一个扶贫项目，然后就是发了种子，但是农户收了多少，他们又是怎样收的我不清楚。

调查员：政府承诺给卖吗？

村干部：当时说过，后面又来做过一点，但是也没有看是合作社，他们说来收的时候是六角五一斤，大的要卖也按照这个价钱。小的收去做种子，又发给其他村，所以收了一部分。大的就一点都没有收，所以现在有些人家都还有一部分也没有人来收。

调查员：嗯。那去年的马铃薯跟以往的相比收成怎么样啊？

村干部：去年由于气候不好，如果是我们的品种就不会有那么好的收成，有很多老百姓说各有各的好处。虽然人家没有来收，但是我们也有那么好的收成，我觉得可以买几头猪来喂。其实政府做这个事情也不容易，如果只往不好的方面看是不好的，所以要往好的方面看，虽然不像真正的合作社，但是已经很好了。

调查员：那今年的药材有多少人种？

村干部：二组全部农户都种的，但是种的多少是不一样的。一组大约三分之一，少的有几亩，多的十多亩。但是这个都不是农户自愿参加的，很多都是政府要求的。所以农户同意后基本都做了。我觉得要做好这些也是有一定困难的，原来有很多人不想做，现在我想起来也是不好做的，如果气候不好，市场销售不好，这个责任就是自己的，不是政府的。所以就是如果出了什么风险，农户也不愿意去承担。所以，这个是最难的，就像做这些药材啊什么的最好跟政府、公司签个合同。政府可能签的是合作问题，但是农户也有合同。

就像他们今年要收玉米，很多农户是同意的，因为收了玉米还可以种萝卜，只要签收购合同，我们就可以做。但是如果没有签收购合同，我们就不做。你看到现在老百姓的玉米收成是很好的，他们有很多的牲口，冬季没有草就给牲口吃。如果卖了玉米，他们也可以去买草，但是提成就高了，如果他们再收购萝卜就很好，但是就是要签合同。

农户不知道是合作社，但是当时也没有说，（政府）

只讲有中药材老板要租这个地，没有说是合作社，他们把地租给老板后种的药材农户得4份，村委得1份，老板得5份。

调查员：那这个药材能不能卖出去呢？

村干部：假设药材能够卖出去，比如你的这亩地能收多少，你觉得你会清楚吗？大家都知道的是一亩300块钱是可以算出来的，因为当时本人是去测量的。但是，去挖药的时候老板自己去租人来挖的，自己的地自己不一定能去，收了多少就不清楚了，然后药材卖了多少也不清楚。

像有些地现在种玉米，中药材也种不下去。农户就开始慌了，后面又产生了一些矛盾，他们耕地是130块一亩，农户去种了他就觉得高。我们去耕就是80-100块。虽然他说的很便宜，种的和没种的都存在很多问题，所以也有农户弄户觉得这是一个发展的问题。

易地扶贫搬迁

调查员：新龙原来是五百户，今年从祖基和飞姑搬到高潮的有多少户？

村干部：青龙山的有十多家全部都搬了，祖基搬了五户，其他的搬去石门，有些没有去，飞姑有一家搬到高潮，像青龙山虽然搬了，但是还没有离开。搬去后他们就没有地种，有青龙山一家都没有门面。门面可以租，但是他就是没有钱。所以在观音山（高潮）也没有事情做，他们就回来养牲口和种地，就像飞姑这条路，有些人也在那里打零工，原来搬迁的时候我们就说要把电断了，但是后面又没有做。很多的东西都要靠自已想办法，所以多数都没有去，除了打工的，基本上都在家。

易地搬迁也好，只是有能力的得不到搬去，没有能力的去了没有资金，所以要求进入精准扶贫。但是实际上要贫困的才能去，国家补助很多，但是到他们的手里的根本没有。他有房子坐了，但是没有资金也没有地种，也没有什么工程叫他们去做，像威宁也是有很多都去不成。其实也有想去的，但是他不是贫困户。

精准扶贫项目的瞄准

调查员：你可以列举一些本村过去的扶贫项目吗？

村社保协管员：2013 年，我们村的 15 家养羊的这个项目，当时在新龙村搞试点。按照政府的说法，一家给补 2 万元，可以买到 21 只羊，在全村滚动起来。这个养羊的项目在石门乡共 30 户，我们新龙就有 15 户。但是实际上按羊价只能买小的，大了的买不到 21 只。今年（2014 年）的羊价便宜点 14-15 元，往年 17-18 元的话只能买点小羊。

调查员：这 15 户是怎么出来的？

村社保协管员：你看 2 万元也不是个小数目，你看你随便安排给每家人，肯定每家人都想要，只能根据实际情况，看他能不能去做这个事情。像我们村的话，一是要有基础，二是有能力去做这个事情。他这个本身要对养羊这个事情感兴趣。还有他还要有技术能力去做这个事情，比如他的家庭以前养过羊。这 15 户是，首先根据包村干部的意见，当时是先给那个"二女户"，这个是特定的。我们村是七个组，15 户的话，差不多是一个组两户。有根据实际的情况，比如说安排给你了，你做不了这个事情的话可以协调一下。像我们组没有人养，把这个名额就转让其他组。因为刚开始，它是这样的，那个羊圈你要新建起来，羊也要买起来。让政府那边检查合格之后才能付钱。

调查员：那比如说村里最穷的一户，最穷的十户，根本没钱先把羊买上，那就得不到钱。

村社保协管员：这个是没有办法的。上面是这样的。

调查员：这个很重要。它的实施过程，可以知道它的公平性是怎么跑掉的。具体到一个相对稀缺的资源进入到我们相应的村寨的时候，我们要分配公平性的问题。那么，你们会不会有一个名单，说这 375 户里，哪些是贫困户，有这样一个筛选吗？

村社保协管员：有，从去年开始的。我们就是逐组的摸底，哪些是喜欢流出的，不踏实的，哪些是常在家里的。如果他能承受，就给他，不能承受，就是没有必要。也就说，如果这有两家，这个扶贫项目给谁不给谁，如果他们的条件都差不多，那么村干部就会倾向考虑给不流动的那家。

调查员：还有一个是流动性的考虑。还有呢？怎么确定帮扶对象？怎么选择这个项目应该给谁，还有一个自己的准备、自己的经济条件。

村社保协管员：根据他们自己的情况，如果适合的话。扶贫是指穷的，且特别需要。但是现在很多项目就变成是说，你越会越能，越能得到帮助。但是家庭条件太差的也会排除。其实政府的扶贫很多年都是不准的，不准了很多年之后，政府才有个口号是精准扶贫，因为它瞄不准。那么你们觉得应该怎么样才能算是瞄准的？这是很难的，因为总是走着、走着就跑偏了，扶的是根本不穷的人。

我觉得那个家庭条件穷的家庭，可能本人的思想意识和一般的富有的家庭也是存在差距的。就是说，怎么说，那个，首先要从他的思想意识去调整，去改变，让他知道如何去进取。如果说你给他 100 块钱，他可能拿去喝酒，反正就说，都没用在实处。还有一种可能是，他不知道怎么做，不知道要拿去这么用。这是思想上意识上还是存在差距。

调查员：但是有差距就要选择思想意识高的来给扶持吗？思想落后的就不给扶持？

村社保协管员：也不是，就是那个给一般的这种有待发展的、有希望脱贫的。

村主任：我的想法就是，它上面说精准扶贫的话，第一个就是吃低保的，出个比例，必须要填上名额。有的那些低保望着的，一天天就是混也可以。7-8 月份一过，低保就来了。拿了就乱花。按照他们上面的讲法，要精准扶贫来做。但是拿下来做，也是一种考验。

社会组织扶贫项目

调查员：您之前参加的社会组织项目是什么？效果

怎样？

村支书：社会组织首先在上面这两个组选的点在做，在这里做不下去了，村民的意识、目光的问题。不是村民不参与，而是村民（拿了钱还不上）。人家搞了一个养殖母猪的项目，按道理来说人家把款贷给你，猪仔下了，你要往下发展，至少你把猪仔卖了，得把人家的款还了。然后村民都觉得，我贷1000块钱，然后买了猪，我就连本连利不跟你回收，不还你款。甚至把母猪都凑了卖了，就这个状态，做不下去了。老百姓把钱贷去了，就不守信用，就没有把钱按时的还回来，现在我们还有八万两千多的滚动资金在石门信用社存放着，然后有六万多的资金都还在农户手里，没有收起来。

2014年2月，我去找过石门法庭。我想请法庭帮帮忙出个点子，用个什么方法，把我们的资金再启动起来？我们还需要小额贷款，还需要把我们这十万块钱正常的运作起来，让更多的老百姓得到实惠，至少我们应该有一个最基础的一个点。但是法庭告诉我想为老百姓办一件事，办一件好事，然后影响你家庭的人身安全，各方面你也得慎重考虑。我又放弃了！

然后后来又有人告诉我，让我去找社会组织牵头人来协调这个事情。但牵头人去踩点的时候，爬到对面的山坡上，坐在那里就哭了。她挺伤心，肚子又饿又累，从底下爬上来两个多小时吧。她就跟那些官员说，如果我有一个盆景把它放在窗台上，我一天想看几次就看几次，想浇几次水就浇几次水。而我把盆景送到几百公里以外，这次我把它浇了，把它淹死了，下次去的时候都干枯啦。就因为这句话我们就争取不到综合发展的项目。

调查员：社会组织在新龙村还有其他的项目吗？

村支书：社会组织2006年的时候就退出了，那个小额贷款就是那个牵头人在管理。然后我们的资金就被冻结啦，然后我们的自己在农户手里的没有回收起来，剩下的这八万多都一直冻结在石门信用社里，就没有项目啦。

调查员：小额贷款就一直没有用过，小额贷款2006年是两千吗？

村支书：2006年的时候是2000元。但是项目马上一终止，管委会的那几个成员就扯皮了，资金一回收不起来就扯皮。

调查员：它现在也没有恢复启用的可能性？

村支书：可能性就是说，要怎么样才能把农户手里的资金收起来，然后就是主动来收，但是领导都了解了这方面的问题，他们都觉得收不回来。

调查员：6万多块钱牵涉到30多户人？

村支书：应该是32户。我们这里停了，但是石门乡有其他寨子还在做。现在如果向信用社贷款的话一个农户就能申请到1万块，甚至更多的贷款，而且申请小额贷款有一点挺麻烦的。就是当时按照以前的运行模式，就是每个月都得还一次款，这是促进老百姓劳动勤快不假，但是还款也挺紧的，这个贷款周期运行下来，他们觉得还不如在农村信用社贷款方便，就是他们那个款更多的是存放着哪儿，而没有更多的人去贷。

附录二：退休老教师们的教师节座谈会

调查时间：2015 年 9 月 10 日

调查地点：新龙村小学教室。

整理员：杨欣萌、沈红。

在中国西南边远山区，作为乡村教育顶梁柱的教师们，要比其它地区付出得更多，得到却更少。新龙小学在去年经历撤并校风波后，倍加珍惜这所学校。在教师节来临之际，他们自发组织起教师节座谈会，邀请我们共同参加。我们感念于两位退休老教师为保住这个教学点教书"教到死在黑板脚下"的奉献精神，感动于新龙村民守护新龙小学的决心和大无畏精神，特在他们欢度教师节的当日，与他们茶话心声。座谈会由张老师（云炉小学退休老师，新龙小学志愿教师）主持。会议内容简要记录如下：

张老师：下面有请我们村支部书记讲话。

村支部书记：说实话今天在这里，我真是有一点激动。就说去年我们新龙小学经历的事情，我们是非常难过，我们也真是想做一点事情。幸亏在我们两位老教师的努力下，我们新龙小学才能继续办学。说到这里，我还真是有太激动（流泪）。作为我们基层干部，有什么问题大家提出来我们一定凭着良心、摸着心做事。我们必须扎扎实实地把事情做好，让我们新龙村有些发展，让我们下一代能比我们过得好。

张老师：下面请我们村长讲话。

村主任：说实话，我们在这里发言是很不好意思。对于新龙小学去年发生的事情，我们很愧疚，觉得对不起大家，更对不起这两位老教师。有时候，我们这个工作也是蛮难做。借这个机会，希望大家能给我提意见，该批评就批评，有什么问题，我们能做的就尽力去做。

张老师：请远道来的朱老师（大关县退休教师）讲话。

朱老师：看到这里，黑板上写了"教师节快乐"。我由衷地敬佩两位退休老师，我给他们鞠躬。如果我在这里，我也会是他们的学生。这么一个学校，这一帮小学生，碰到今天的气候没有问题。再过一段时间就不行了，这个野依梁子的气候，我很熟悉。再冷一点，有冰或有凛，他们就很难走。因此两位老教师能够继续在这里教书，不让这帮小娃娃去远处读书那么艰难，我很感动，特别感动。他们的这种奉献精神特别让我感动。

这四十多年来，我一直在关注石门坎。我懂得当这个老师，确实难。包括张老师刚才还在说，退休了没得事情做才来教娃娃读书。这个话是不真哩，退休了我坐着耍，也是事情。那么，从这里我们可以看到两位老师的奉献精神，这值得我们学习的。教书、教育是一项良心工程。我以前在石门坎教书，我是 74 年 9 月来，87 年 7 月才走，我是威宁的足球教练。当时威宁县里有足球的比赛，定哪一所学校去参加比赛，都是到比赛前才确定，随便抽学校比赛。但是，年年都是我这个代课老师教出来的第一名。当时我们的唐洪云老师是他们的班主任。有一天晚上，他说"今天晚上给学生加餐"。我跟他说"不要加餐，吃饱了他们这仗不好打"。

说实话，我们文凭不高，很多知识学得不到位，我化学不好。但是来了石门坎民族中学以后，我就突然被调去教化学。有一次威宁县教育局突然抽出三所中学抽查评比。他们一起去威宁考试。其它两个乡里的学生，都是大学生教出来的。但是，考试成绩怎么样呢？我的27个学生，及格了26个：黑土河没有，另一个只有两个及格。这不是说出来的，是干出来的。这跟做生意是两码事。

我到了大关以后，我一个外来的老师被质疑你教过书吗？我就说我教的不是一般的书。其中有一位老师，他更是瞧不起我。我俩就开始比起来。当时我教英语，他教政治。统考我全县第一。后来到了中考，我俩都是第一。我是正数第一，他是倒数第一。大关县我的英语在全县每年都属第一，有一次学校把我推荐为云南省优秀教师。这个证书我都带着哩。因为我带出来的学生成绩好，教办的老师帮我申请云南省优秀教师。但是，过了半年之后，教办的一个老师拿了两百钱给我，拿证书给我，"朱老师你的成绩在大关县是有目睹的，但是你是威宁那边的人对这里不熟悉，只能把您评为地区表彰的优秀教师"。我不服气，就因为我是威宁人，不是大关人就给了降级凭优秀，我是非常不满意的。但是我又一想，教书必须是要有奉献精神，只要学生们能学得好。

我在这里东拉西扯摆一下，最后感谢支持新龙小学。

我非常愿意在假期的时候来这里教学生。我在彝良打了三场球，现在只要你们需要，我就来。英语呢，就是教小朋友也是没有问题的。

张老师：下面请我们的村民代表陈新龙来发言。

陈新龙：去年经过方方面面的困难，我们真正体会到了没有文化的辛酸。不知道大家是不是这样的体会，反正我是有深深地有体会。

我们感谢村里的领导来参加这个座谈。刚才我们村领导也讲对新龙村的教育有愧疚，我现在就说，我们不能有愧疚，也不能对不起，也不单独是你们这一方面的问题。为什么两位老师都要坚持把学校坚守下来？大家都很清楚，在新龙，三十几岁的初中生就很少。现在国家情势很好，我们肯定要积极地靠拢。我们没有文化，就靠下辈人才能跟得上时代的发展。只要需要，只要能做得对，只要你们村领导说话，我们就会义不容辞地去干。我们要对明天敢担当，胜利永远都是属于敢担当的人。我们不要只是说愧疚，我们把希望留在明天，要往明天成功。

刚才朱老师讲的让我非常感动，让我记忆深刻。他的不服输精神，作为新龙的一个村民，也必须是不能服输的。我们穷、我们落后，我们承认，但是我们不服输。我们要记住朱老师讲的不服输的精神。谢谢大家！

张老师：新龙小学去年的在校生有 41 个，今年 3 个班 60 个学生。因为这个小学生比较多，只有 1 位老师不可能教这么多。我和老王（老师）两个协助他，直到有新的老师进来。为了子孙的教育，如果我们死在黑板脚，就让我们的儿子就来把我们埋了。

要读好书必须要把基础打好，那些没有读过学前班的学生成绩远远不够经过学前班的学生。现在学前班的课程跟一年级差不多了。我们新龙村的留守儿童到60%。你说张国剑老师那最有感受，天天守着一大帮孙孙，哪个孙子你不用送？群众你喜欢送娃娃来学前班了，我和老王教他1、2、3这些数字，5、6岁也可以来。我们从声母、韵母全部教起。我想要起一栋房子必须要把基础打好，学前班就是这样，给小学生打基础。

当时我们与教管中心交涉，只要派一个年轻的人当校长，我和老王我们两个就教起这帮娃娃。现在实际学生60个，王校长任力所能及的科目，要照顾他的时间，他有一大堆行政上的事情要忙，可能要跑教管中心。

吴校长：今天看到新龙小学的这个情况，我是非常激动的。今年年丰小学面临跟去年新龙小学差不多的问题，年丰小学没有三年级了，现在只有一、二年级，才33个学生。我这几天过得相当不好受，看着年丰小学在滑坡。今天借这个机会，我跟大家交流三个问题。

第一个问题，为什么现在教育形势发展得好，新龙小学和年丰小学看起来并不那么好？我和朱校长一共在年丰小学干了21年，吴老师（代课教师）干了17年。我们对年丰小学有着深厚的感情，要讲奉献，我们也是愿意奉献的，我们都是从民办教师、代课老师教起，后来有了政策才转正。

昨天我和教管中心主任交换了意见，我问她，"为什么岗位教师随便调动？"她就说，"现在我们有权力"。我们年丰小学的教师岗位是5位，但是这5位老师在年丰小学呆得时间最长的是一年半。我们年丰最多的时候有198个正式学生，加上我"私自"①招了20个学生，共218名学生。那现在年丰小学只有33位学生，为什么会出现这种问题？为什么滑坡？年丰小学现在的老师讲课，学生听不懂。有时候他讲的连我都听不懂，那帮学生怎么会懂？为什么我们本地人不能当学校的校长，不能去学校里教书？黄支书说，"年丰小学轮不到我管，用不着我们管。"所以，我想，是教育管理不得当，加上特别是村干部现在不管（教育）质量的问题，造成了年丰小学现在这样一个教育损失。

第二个问题，我们石门坎有文化知识才有100多人。他们所掌握的我们苗族知识与文化是柏格理牧师来给我们创造的。我们不要忘记，我们要传承。我说在年丰学校要办个双语班，办了双语班，学生的成绩就能提上去。但是现在不行，没有"合格"的老师。我们认为合格的老师，没有政府要的那个教师资格证。按（西部小学师生比）1：24来说，年丰小学现在连60位学生都不到，证明年丰小学现有的三位老师必须有一个是要被调走的。这样以来，年丰小学可能就只剩两位老师，慢慢下来，学生与老师慢慢越走越多，就没有年丰小学了。

在这里我向两位老师表示敬意。有两位这样的教师，

---

① 吴老师称"私自"招生，因为这些学生没有本乡户口，不符合现在教育政策规定。

你们村里面都应该感到高兴。我希望新龙小学将来也能办起双语学校。既然来到了石门坎教学，老师就要学起石门坎的本地话。这对于特岗老师来说，也是很大的挑战。但是，不能否认的是，这样的教师编排，是组织安排上的缺陷。因此，我愿意新龙小学能够把双语班开办下去。不光是因为苗文是柏牧师和很多老前辈贡献了很多力量，我们才把苗文传承下来。更因为有了双语班，我们的学生成绩才能真正的跟上去。像今天，"教师节快乐"我们一定要用苗文写起。我们愿意村民都努力，沈老师和小调查员也帮助我们开发双语班。

第三点，我刚才听了大家讲的内容，我非常高兴，这是我退休后过得很好的教师节。刚才朱老师谈我们都愿意这样奉献。我就讲这些，我们一起祝福新龙小学！

张老师：看黑板上写着"教师节快乐"，我的教师节哪一年都没有过得这么快乐。我认为这是我一生中"第一个教师节"。接下来请我们新龙小学曾经的校长，现在的老干部来说两句。

张主任：在新龙小学经历去年的风波时，我就在想我们是不是该请个风水先生来看一下这个学校？新龙小学怎么要经历这么多风雨？七十年代，当时的学区是不让办学校。我们3个人去威宁县教育局跑了一趟。县教育局的人就非让我们选出一个校长。问我"是不是你教不起书？"，我说"我没有文化，教不起书"。他就说"好嘛，那你就来当这个校长"。但是这所学校仍然是"私立学校"，校长是我。当时好多人都说这个人糟糕的很，学生只有

20~30 人，你当个校长你当个什么校长？

1972~1975 年，我们没有得国家一分钱，学校就凭我们村里来经营。当时生活相当困难，其它学校老师的工资就是大队里给出的 4.8 块钱还有 3 斤半粮食。当时的野依公社不承认我们学校，说我们是"私立小学"。学费是学生交苞谷，每个学生一学期交 1-2 升苞谷。当时的教室特别小，二三十个娃娃在那里都转不过身。桌凳不够，有些娃娃都要拿起本子靠在墙上写，写罢一个字又要回头看老师又写下哪一个字。当时就是那样上课的。

后来，新龙小学被政府接管了，我们当时的支书组织劳力，号召去修补房子。村民都很踊跃，有些家长都没有学生在这里读书，也来这样修房子。当时没有人计较你出力多一些，我出力少一些，就只想要新龙村这帮学生能有个大一点的教室。后来我们终于有了三间宽敞的教室。

后来香港的善启基金会来到我们这里，看到我们这里这么落后，给我们一笔钱，村民又投工投劳修起房子。当时，我们只得到 18 万善款，但是我们修起了一所当时石门乡最好的教学楼。

没有想到，那么好的教室，（教管中心）让我们的学生在外面上课？当时，新龙小学风波时，乡里的领导跟我讲说"不让他们（新龙村民）乱着，我说那个事我都要去哩"。我只想讲，双语教育讲大一点是西藏、青海、新疆省都需要的。二年级学生讲数字，他根本听不懂。我经常会跟小调查员老师讲这样的故事，你跟一帮苗族娃娃讲数字，一、二、三、四、五，你普通话再标准，也不没啥子用，他们还是听不懂。你问他"2+3等于几？"，他只能用两个大眼睛看着你。

如果你用苗语给他解释一下，比方说："你有三个核桃，我再给你两个，你一共有几个核桃？""五！"那些娃娃会非常积极地回答。怎么能说苗族娃娃学不会数学？明明是那些老师们不会讲苗话，没找到方法。教管中心的领导经常讲"你们那个地方教育不好，就不能办起教育。办起教育、办起学校是耽误了学生。"那是因为老师是汉族老师，所以成绩才提不上去。我们不是狭隘民族主义，这是实际的需要。在课堂上语言不通了，这是要不得。国家是提倡双语教育，但实际上落实到这们地方，又不是这样的。

朱校长：听了大家说的，我也想说几句。我最近一直在思考一个问题，为什么上级领导不能下一线来了解学生数量，来了解一下老师的真实困难？动不动就要撤学校，撤学校能解决教育的问题吗？因此，我觉得领导必须要重视，必须要下来调研，只有调研了才能了解实际情况。

我退休以后就抓紧时间读书，来抓紧时间读书来填补之前的空白。我读了一些书，印象中有一位徐司令，他就是本来是将军了，是司令了，但是他为了了解军情，他就又从士兵开始做起，一步步地更深入地了解军情。而在我们教育界，从来都是只能上不能下。如果你在威宁一小教书教得好，那你在中水试试，看看还厉害吗？如果你在中水教书教得好，那你来新龙小学来厉害一下？你不能光靠在威宁一小评优秀教师，你来边缘地区教一下试试，如果能教好了，再评职称。

我今天说的这些，是希望教育部门的领导能听到我的话。近年来随着教育形势的发展，我昨天在我家也跟小调查员说跟张老师说的一样的话。一年级要讲苗语，二年级是个过度，讲一些苗语和多数的普通话，到了三年级就好了嘛，就可以讲普通话了，他们就能听得懂。

另外我想奖惩应该与评职称挂钩。如果这样的话，我的成绩也是难得拿出来的。我教学这些年，我可以凭良心讲，我不是混的。我是优秀教师，当时是一个尺度测量的，都是威宁统测的结果。我的成绩就比较好，但是也没有能帮我拿到职称。这样就带动不起来老师的积极性。这是不合理的。

你说云炉小学是边缘的小学，还有比云炉小学更困难的学校。年丰小学我也呆过，当时我跟老王搭手在年丰小学时候，那时候真是困难。房子漏雨啊，每天教完那帮娃娃，下课之后还要跟老王去山里砍竹毛搭起房子。即使是那样的情况，我们也撑过来了，我们办学的困难是有目共睹的，但是当时我们都能办到三年级，有100多位学生。如今我们年丰小学有了这么好的教学楼，却没有了三年级，没有那么多学生来上学。这是让人非常难过的事情。

附录三：产业扶贫调查记录

调查地点：石门乡新龙村大江种植园

受访者：新龙村村民

调查日期：2016 年 7 月

调查员、整理员：杨欣萌

陈大江：如果这批树，它结的果达到我的要求的话。现在已经有一千五百棵，我现在才种了七百棵。我不再没有发展了，以后我要用自己的技术种出最好的来。要不然这些树子从那里种起来，就要结果了，不能再毁了。五年来也许我的树全部都结果了，这下面我已经养鸡了。我的计划是全部养鸡，土生土长的鸡。2012 年，我从小龙洞昭通这些拿来种的核桃树，没有放肥料。

我们这个地方的心思太落后了，你看我们新龙的荒地面积太多了。假如我们地方这些荒地全部像我那些种着核桃树的话我们地方会穷吗？不能穷啊，但是没有人来思考这些问题，那些荒着的土地是很好的，从电杆那我些下来是很好的，还比我种着的那些好，它对北方，土地都很好，光照也是相当好。

我才来的时候，有一种挑战，把不可能变为可能。好多人料定那些地都说不可能，像我的包谷那些地看着是不可能的，杂草都不会长。假如我们这个地方有人思考，领导这些多思考这个问题，我们地方就不会穷了，还用得着去打工吗？自已都可以做自已的事了，像这片地，还有你家老房子那片地全部都是荒着的，领导些要是引进好的政策，把这些用挖掘机打成台，板栗树，核桃树全部种起来有几千亩，然后树成功后，下面就可以养牲口了，我们地方就不可能穷了，就不会让政府来帮忙了，自已都可以去帮别人了。

张国剑：你应该去进点鱼苗来喂。

陈大江：现在不是条件，主要是管理不能盲目去做，去进也要资金，也要管理。

调查员：自己卖吗？

陈大江：自已卖出去的。没有找过合作社，现在主要是面向小微企业。现在主要是失掉信心了，那年种下的时候，投入的太多了，没有本钱再来搞投资了。要不然这里种党参是很好的。

调查员：本钱需要多少？

陈大江：我 2010 年来到这里，从 2011-2013 年我都在弄住的地方，土地是 2013-2014 年才种的。上面这些都是这两年开发的，像这些地都是今年才开发的，我没有精力来弄这些，不像承包地都是现成的，要不然起步就快来了，你看你那些相片你就知道了，所以成本很高，你看那些规划是 800 块钱一年，甚至可以送你做，不一样，开发地要成本。所以成本就高了，要不然我讲的 20 多万就要做点事了，你根本看不到可以做得到什么事，这个地弄过很多次了，这些地去年就开发了，请挖掘机来挖，请工人来把小树和根子那些烧掉，然后用耕地机来弄，弄好了街道工程。

我们新龙的面积是宽很，就是没有利用起来。路是不多，就是不好走，如果走平路和马路就不是这种效果了。路不长，主要就是走起来吃力，又是湿的。

你看我种着树那些基本上就是跟这些一样的。这就是有必要开发的。政府也没有修拖拉机走的路，搞卫生的不但不说好反而还说坏，像我下来这条路，我来的时候摩托车都走不了，后面我发动我们一组的人有四十多个跟我修到下面。

调查员：工钱付了吗？

陈大江：没有，饭都没有做给人家吃。大家都是生活在一起，都有人情，40多个人2天工程就修好了，修到下面这里，这段是我一个人修的。当时我来的时候是2010年，这里什么都没有，路又不通，房子都是在山上砍树木来搭起然后放瓦在上面的。我做饭的房屋是我第二年用土冲的，后面第三年才修起所谓的办公室，没得办法了。现在不仅仅是创业问题了，因为来到这个地方，在电视上看到过很多的乡村教师，当时是因为冲动才来的，去了以后和那个地方产生了感情，我也是在这里长大的，我来了以后很多方面的事情。

我搞农机修理年收入在10万以上，对于农村人来说是可以了。现在这个农机修理，我在哪里年收入都是在10万以上，我都放弃了，所以我的家人就是无法理解，我跟他们讲这个是人生价值，人生的信念，我觉得我的价值在这里，我喜欢它，我喜欢这个地方，我百分之百相信我的信念任何时代都要有人付出与思考，这个社会才能进步，不管什么人都为了这个社会去拼，这个社会怎么进步？这个是不可能的，这个是自私的想法，我不希望哪个喜欢我，记得我。所以我看见我们这个地方很有前程，就是思考这个问题的人太少了。但是，我相信国家的政策会越来越好，已经不遥远了，像今年省委书记下来考察，我就感觉很快了，离我的梦想太快了，又看明年后年的政策了。

附录四：精准扶贫精准脱贫百村调研贵州威宁县新龙村行政村村问卷及数据

（调查时间：2016 年）

省（区、市）	贵州省		编码	
县（市、区）	威宁彝族回族苗族自治县			
乡（镇）	石门乡		×	
行政村	新龙村		074	
村干部姓名	支书 周军		主任 陈大江	
工作队情况	书记		队长	
受访者	姓名 张 XX		电话 1xxxxxxxxxx7	
村类型	☑贫困村［□省定□省以下］　　□已脱贫村□非贫困村			
	□非少数民族聚居村☑少数民族聚居村（填民族代码__26__）			
调查日期	2017 年 4 月 13 日，星期四			
调查员姓名	杨欣萌			

A 自然地理

项目名称	数据	项目名称	数据
A1 地貌（①平原 ②丘陵 ③山区 ④高原 ⑤盆地）	③	A6 距乡镇的距离（公里）	18
A2 村域面积（平方公里）	11.54	A7 距最近的车站码头的距离（公里）	1
A3 自然村（寨）数（个）	9	A8 是否经历过行政村合并（① 是 ②否→ B1）	②
A4 村民组数（个）	7	a. 哪一年合并（年份，4 位）	—
A5 距县城或城市距离（公里）	154	b. 由几个行政村合并而成（个）	—

B 人口就业

项目名称	数据	项目名称	数据
B1 总户数（户）	425	B3 常住人口数（人）	1630
a. 建档立卡贫困户数	225	B4 劳动力数（人）	963
b. 实际贫困户数	173	B5 外出半年以上劳动力数（人）	230
c. 低保户数	26	a. 举家外出户数（户）	17
d. 五保户数	2	b. 举家外出人口数（人）	63
e. 少数民族户数	123	B6 外出半年以内劳动力数（人）	307
f. 外来人口户数	0	B7 外出到省外劳动力数（人）	192
B2 总人口数（人）	1426	B8 外出到省内县外劳动力数（人）	38
a. 建档立卡贫困人口数	879	B9 外出人员从事主要行业（行业代码，前 3 项）	5,3,1
b. 实际贫困人口数	686	B10 外出务工人员中途返乡人数（人）	139
c. 低保人口数	68	B11 定期回家务农的外出劳动力数（人）	198
d. 五保人口数	2	B12 初中毕业未升学的新成长劳动力数（人）	2
e. 少数民族人口数	731	B13 高中毕业未升学的新成长劳动力数（人）	5
f. 外来人口数	0	B14 参加"雨露计划"人数（人）	6
g. 文盲、半文盲人口数	431	a. 参加雨露计划"两后生"培训人数（人）	0
h. 残疾人口数	87		✕

C 土地资源及利用

项目名称	数据	项目名称	数据
C1 耕地面积（亩）		a. 土地调整面积	860
a. 有效灌溉面积	0	C10 2016年底土地确权登记发证面积（亩）	0
C2 园地面积（亩，桑园果园茶园等）	0	C11 全年国家征用耕地面积（亩）	0
C3 林地面积（亩）	6992	C12 农户对外流转耕地面积（亩）	328
a. 退耕还林面积	400	C13 农户对外流转林地面积（亩）	0
C4 牧草地面积（亩）	0	C14 参与耕地林地等流转农户数（户）	0
C5 畜禽饲养地面积（亩）	0	C15 村集体对外出租耕地面积（亩）	0
C6 养殖水面（亩）	0	C16 村集体对外出租 ft 林地面积（亩）	0
C7 农用地中属于农户自留地的面积（亩）	380	C17 本村土地流转平均租金（元/亩）	300
C8 未发包集体耕地面积（亩）	0	C18 本村林地流转平均租金（元/亩）	0
C9 第二轮土地承包期内土地调整次数（次）	0	C19 全村闲置抛荒耕地面积（亩）	740

D 经济发展

（一）经营主体与集体企业

项目名称	数据	项目名称	数据
D11 村农民年人均纯收入（元）	3800	D19 其他企业数（个）	0
D12 农民合作社数（个）	0	D110 企业中，集体企业数（个）	0
D13 家庭农场数（个）	0	a. 资产估价（万元）	0
D14 专业大户数（个）	1	b. 负债（万元）	0
D15 农业企业数（个）	0	c. 从业人员数（人）	0
D16 加工制造企业数（个）	0	d. 吸纳本村从业人数（人）	0
a. 主要行业（制造业分类代码，前3项）	0	e. 主要行业（行业代码，前3项）	0
D17 餐饮企业数（个）	0	D111 集体企业经营收入（万元）	0
D18 批发零售、超市、小卖部数（个）	7	D112 集体企业经营利润（万元）	0

收入来源代码：①务农 ②本地务工 ③外出务工 ④非农经营 ⑤其他（注明）

（二）农民合作社

	名称 a	领办人 （代码） b	成立时间(年月) c	成立时 社员户数 d	目前社 员户数 e	业务范围 f	总资产 （万元） g	总销售 额（万元） h	分红额 （万元） i
D21	0	0	—	0	0	—	0	10	0
D22	0	0	—	0	0	—	0	20	0
D23	0	0	—	0	0	—	0	0	0
D24	0	0	—	0	0	—	0	3	0
D25	0	0	—	0	0	—	0	0	0

领办人代码：①村集体 ②村干部 ③村干部以外的农户 ④外来公司 ⑤其他（注明）

（三）农业生产

	主要种植作物 a	种植面积 （亩）b	单产(公斤/亩) c	市场均价(元/公斤) d	耕作起止 月份 e,f
D31	土豆	238	600	1.2	3–7
D32	玉米	1500	400	1.6	4–9
D33	烤烟	860	200	16	1–9
	主要养殖畜禽	出栏量（头 /只）	平均毛重（公 斤/头）	市场均价(元/公斤)	✕
D34	牛	146	100	36	✕
D35	羊	638	20	30	✕
D36	猪	560	75	10	✕

E 社区设施和公共服务

（一）道路交通

项目名称	数据	项目名称	数据
E11 通村道路主要类型（①硬化路（水泥、柏油路）③沙石路③泥土路④其他）	1	a. 未硬化路段长度（公里）	18
		E14 村内通组道路长度（公里）	8
E12 通村道路路面宽度（米）	3.5–4	a. 未硬化路段长度（公里）	8
E13 通村道路长度（公里）	18	E15 村内是否有可用路灯（①是 ②否）	①

（二）电视通讯

项目名称	数据	项目名称	数据
E21 村内是否有有线广播（①有 ②无）	①	E25 使用卫星电视户数（户）	360
E22 村委会是否有联网电脑（①有 ②无）	①	E26 家中没有电视机户数（户）	60
E23 家中有电脑的户数（户）	2	E27 家中未通电话也无手机户数（户）	73
a. 联网电脑户数（户）	1	E28 使用智能手机人数（人）	520
E24 使用有线电视户数（户）	0	E29 手机信号覆盖范围(%)	100

（三）妇幼、医疗保健

项目名称	数据	项目名称	数据
E31 全村卫生室数（个）	1	E35 当年 0－5 岁儿童死亡人数（人）	2
a. 若无，最近的卫生室、医院的距离（公里）	—	E36 当年孕产妇死亡人数（人）	0
E32 药店（铺）数（个）	0	E37 当年自杀人数（人）	0
E33 全村医生人数（人）	2	E38 当前身患大病人数（人）	1
a. 其中有行医资格证书人数（人）	0	E39 村内敬老院个数（个）	0
E34 全村接生员人数（人）	0	a. 在村内敬老院居住老年人数（人）	0
a. 其中有行医资格证书（人）	0	b. 在村外敬老院居住老年人数（人）	0

（四）生活设施

项目名称	数据	项目名称	数据
E41 已通民用电户数（户）	420	a1. 自来水单价（元 / 吨）	—
a. 民用电单价（元 / 度）	0.46	a2. 使用净化处理自来水户数（户）	0
b. 当年停电次数（次）	30	b. 江河湖泊水 (%)	0
E42 村内垃圾池数量（个）	0	c. 雨水 / 窖水 (%)	0
E43 村内垃圾箱数量（个）	2	d. 受保护的井水或泉水 (%)	0
E44 集中处置垃圾所占比例 (%)	0	e. 不受保护的井水或泉水 (%)	100
E45 户用沼气池数量（个）	0	E47 自来水之外的管道供水户数（户）	0
E46 饮用水源比例：	✕	E48 水窖数量（个）	180
a. 集中供应自来水 (%)	0	E49 饮水困难户数（户）	425

（五）居民住房情况

项目名称	数据	项目名称	数据
E51 户均宅基地面积（平方米）	70	E56 危房户数（户）	2
E52 违规占用宅基地建房户数（户）	0	E57 空置一年或更久宅院数（户）	20
E53 楼房所占比例 (%)	33	E58 房屋出租户数（户）	0
E54 砖瓦房、钢筋水泥房所占比例 (%)	97	a. 月均房租（如有，按 10 平方米折算，元）	—
E55 竹草土坯房户数（户）	16		✕

（六）社会保障

项目名称	数据	项目名称	数据
E61 参加新型合作医疗户数（户）	380	E64 五保供养人数（人）	2
a. 参加新型合作医疗人数（人）	1530	a. 集中供养人数	0
b. 新型合作医疗缴费标准（元／年人）	120	b. 集中与分散供养相结合五保人数	0
E62 参加社会养老保险户数（户）	200	c. 五保供养村集体出资金额（元）	0
a. 参加社会养老保险人数（人）	500	E65 当年全村获得国家救助总额（万元）	
E63 低保人数（人）	68	E66 村集体帮助困难户年出资额（元）	0

（七）农田水利

项目名称	数据	项目名称	数据
E71 近年平均年降水量（毫米）	700	E75 机电井数量（个）	—
E72 主要灌溉水源（①地表水 ②地下水 ③雨水）	3	E76 生产用集雨窖数量（个）	—
E73 正常年景下水源是否有保障（①是 ②否）	2	E77 水渠长度（米）	—
E74 排灌站数量（个）	0		✕

F 村庄治理与基层民主

（一）村庄治理结构

项目名称	数据	项目名称	数据
F11 全村中共党员数量（人）	22	F17 村民代表人数（人）	930
a.50 岁以上党员数（人）	15	a. 其中属于村"两委"人数（人）	7
b. 高中及以上文化党员数（人）	1	F18 是否有村务监督委员会（①是②否→ F19)	①
F12 是否有党员代表会议（①是②否→ F13)	1	a. 监督委员会人数（人）	0
a. 党员代表人数（人）	1	b. 属于村"两委"人数（人）	0
b. 属于村"两委"人数（人）	1	c. 属于村民代表人数（人）	1
F13 党小组数量（个）	1	F19 是否有民主理财小组（①是②否→ F211)	②
F14 村支部支委会人数（人）	3	a. 民主理财小组人数（人）	6
F15 村民委员会人数（人）	5	b. 属于村"两委"人数（人）	1
F16 村"两委"交叉任职人数（人）	0	c. 属于村民代表人数（人）	1

（二）村"两委"（先填党支部，后填村委会。按照书记、副书记、委员等顺序填写。注意填写代码。）

	职务 a	姓名 b	性别 c	年龄 d	文化程度 e	党龄 f	交叉任职 g	工资（元）h	任职届数 i	任职前身份 j
F211	1	周军	1	30	4	8	无	4000	1	无
F212	3	张国剑	1	59	3	23	无	0	1	教师
F213	4	陈大江	1	43	3	1	无	0	1	无
F214	5	张礼昆	1	49	3	1	无	0	1	无
F215	7	姜艳	2	30	3	1	无	0	1	无
F221						✕	✕			
F222						✕	✕			
F223						✕	✕			
F224						✕	✕			
F225						✕	✕			

职务代码：①支部书记 ②副书记 ③支部委员 ④村委会主任 ⑤副主任 ⑥村委委员 ⑦委员兼妇女主任

性别代码：①男　②女　交叉任职：填写党支部干部所交叉担任的村委会职务代码

文化程度选项：①文盲 ②小学 ③初中 ④高中或中专 ⑤大专以上

任职前身份：如是村干部，填写村干部职务代码；如果不是村干部，写明身份。

（三）最近两届村委会选举情况

	年份 a	有选举权人数 b	实际参选人数 c	村主任得票数 d	是否设有秘密划票间 e	书记与主任是否一肩挑 f	是否搞大会唱票选举 g	投票是否发钱发物 h	是否流动投票 i
F31	2014	800	600	541	2	2	1	2	2
F32	2017	930	627	327	2	2	1	2	2

是否选项：①是 ②否

G 教育、科技、文化

（一）学前教育 (2016~2017 学年度，下同)

项目名称	数据	项目名称	数据
G11 本村 3~5 周岁儿童人数（人）	64	b. 幼儿园在园人数（人）	0
G12 当前 3~5 周岁儿童不在学人数	20	c. 幼儿园收费标准（元 / 月）	—
G13 本村幼儿园、托儿所数量（个）	0	G14 学前班在学人数（人）	44
a. 其中，公立园数量（个）	0	a. 学前班收费标准（元 / 月）	100

（二）小学阶段教育

项目名称	数据	项目名称	数据
G21 本村小学阶段适龄儿童人数（人）	360	b. 住校生人数	1
a. 其中女生数	120	G24 在县市小学上学人数	0
G22 在本村小学上学人数	7	a. 其中女生数	0
a. 其中女生数	0	G25 去外地上学人数	0
b. 住校生人数	0	a. 其中女生数	0
G23 在乡镇小学上学人数	1	G26 失学辍学人数	0
a. 其中女生数	0	a. 其中女生数	0

（三）初中阶段教育

项目名称	数据	项目名称	数据
G31 乡镇中学离本村距离（公里）	18	G34 在县城中学上学人数	16
G32 在乡镇中学上学人数	30	a. 其中女生数	7
a. 其中女生数	12	G35 去外地上学人数	0
b. 住校生人数	30	a. 其中女生数	0
G33 中学是否提供午餐（①是 ②否→ G34）	1	G36 失学辍学人数	8
a. 是否免费或有补助（①免费 ②补助 ③无）	1	a. 其中女生数	3

（四）村小学情况

项目名称	数据	项目名称	数据
G41 本村是否有小学（①是 ②否→ G49）	1	c. 高中或中专	0
G42 最高教学年级为	2	G46 校舍是否独立使用（①是 ②否）	1
G43 在校生数（人）	92	a. 校舍建成时间（年）	2008
G44 公办教师人数（人）	3	b. 校舍建筑面积（平方米）	360

项目名称	数据	项目名称	数据
a. 本科	0	G47 是否提供午餐（①是 ②否→G48）	1
b. 大专	1	a. 午餐标准（元/顿）	4
c. 高中或中专	2	b. 是否有补助（①免费 ②部分补助 ③无）	1
G45 非公办教师人数（人）	2	G48 是否配有联网电脑（①是 ②否→G51）	2
a. 本科	0	G49 如无小学，原小学哪年撤销	—
b. 大专	0	G410 最近小学离本村距离（公里）	—

（五）科技与文化

项目名称	数据	项目名称	数据
G51 是否有农民文化技术学校（①是 ②否）	2	G58 棋牌活动场所（个）	1
G52 村内举办农业技术讲座次数（次）	0	G59 社团（老年协会、秧歌队等）个数（个）	0
G53 村民参加农业技术培训人次	0	G510 村民最主要宗教信仰（单选，代码1）	5
G54 获得县以上证书农业技术人员数量（人）	0	G511 具有各种宗教信仰群众数量（人）	165
G55 村民参加职业技术培训人次	0	G512 是否有教堂、寺庙等宗教活动场所（①是 ②否→H11）	2
G56 图书室、文化站个数（个）	1	a. 建设与维护费用主要来源（①群众集资②收费③社会捐助④其它）	—
a. 如有，活动场地面积（平方米）	90		
b. 藏书数量（册）	2000	b. 多久举行一次活动（代码2）	—
c. 月均使用人数（人次）	0		
G57 体育健身场所（个）	1	c. 平均每次活动参加人数（人）	—

代码 1（宗教信仰）：①无 ②佛教 ③道教 ④伊斯兰教 ⑤基督教 ⑥天主教 ⑦喇嘛教 ⑧其它宗教

代码 2（活动频率）：①每天 ②每周 ③每月 ④一个月以上

H 社会稳定情况

项目名称	数据	项目名称	数据
H11 打架斗殴事件（件）	0	H14 判刑人数	0
H12 偷盗事件（件）	2	H15 接受治安处罚人次	0
H13 抢劫事件（件）	0	H16 上访人次	0

I 村集体财务

（一）集体财务收支（元）

项目名称	数据	项目名称	数据
村财务收入		村财务支出	
I11 上级补助	2000 元 / 月	I114 村干部工资	0
I12 村集体企业上交	0	I115 组干部工资	0
I13 发包机动地收入	0	I116 水电等办公费	2000 元 / 月
I14 发包荒 ft、坡地收入	0	I117 订报刊费	0
I15 发包林地收入	0	I118 招待费	0
I16 发包水面收入	0	I119 困难户补助费	0
I17 店面厂房等租金	0	I120 修建学校	0
I18 修建学校集资	0	I121 修建道路	0
I19 修建道路集资	0	I122 修建水利	0
I110 修建水利集资	0	I123 垫交费用	0
I111 社会抚养费（返还）	0	I124 偿还债务及利息支付	0
I112 其他收入 1(注明)	0	I125 其他支出 1(注明)	0
I113 其他收入 2(注明)	0	I126 其他支出 2(注明)	0

（二）集体债权债务（元）

项目名称	数据	项目名称	数据
集体债权	0	集体负债	0
I21 村组干部欠	0	I26 欠村组干部	0
I22 农户欠	0	I27 欠农户	0
I23 商户欠	0	I28 欠商户	0
I24 上级政府欠	0	I29 欠上级政府	0
I25 其他人欠（注明）	0	I210 欠银行	0
	×	I211 欠教师	0
	×	I212 欠其他人（注明）	0

（三）集体资产

项目名称	数据	项目名称	数据
I31 办公楼等设施的建筑面积（平方米）	200	I33 未承包到户的集体 ft 场面积（亩）	0
I32 未承包到户的集体耕地面积（亩）	0	I34 其他集体资产（注明）	0

J 公共建设与农民集资

（一）公共建设（2015 年以来）

项目名称（单位）	数量 a	建设开始时间（年月）b	建设完成时间（年月）c	投资额（万元）		
				农民集资 d	集体出资 e	上级拨款 f
J11 学校（平方米）	0	—	—	—	—	—
J12 村办公场所（平方米）	260	201603	201610	0	0	80
J13 卫生室（平方米）	60	201603	201610	0	0	60
J14 文化体育设施（处）	1	201603	201610	0	0	30
J15 其他项目（注明）				8.6	—	

（二）"一事一议"筹资筹劳开展情况（2015 年以来）

	事项内容（代码 1)a	通过方式（代码 2)b	建设开始时间（年月）c	建设完成时间（年月）d	出资出劳户数（户）e	户均筹劳数量（个）f	户均筹资金额（元）g	政府补助（元）	
								补助现金 h	物资折合 i
J21	2	2	201604	201608	86	36	0	82560	—
J22									—
J23									
J24									

代码 1：①村内小型农田水利基本建设 ②道路修建 ③植树造林 ④其它集体生产生活及公益事业项目

代码 2：①村民会议或村民代表会议讨论 ②党支部或村委会决定③其它

K 建档立卡贫困人口

	2014 年 a	2015 年 b	2016 年 c
K1 贫困户数（户）	20	27	20
K2 贫困人口数（人）	79	131	84
a. 因病致贫人口	0	5	7
b. 因学致贫人口	0	13	3
c. 因缺劳力致贫人口	79	113	74
K3 调出贫困户数（调整为非贫困户）	×	0	0
a. 调出贫困人口数	×	0	0
K4 调入贫困户数（调整为贫困户）	×	0	0
a. 调入贫困人口数	×	0	0
K5 脱贫户数	20	27	20
K6 脱贫人口数	79	131	84
a. 发展生产脱贫	79	131	0
b. 转移就业脱贫	0	0	0
c. 易地搬迁脱贫	0	0	0
d. 生态补偿脱贫	0	0	0
e. 社保兜底脱贫	0	0	0

L1　发展干预（2015 年）

分组	建设项目	单位	数量 a	受益户数（户）b	总投资（万元）c	投资构成（万元）					
						财政专项扶贫资金 d	行业部门资金 e	社会帮扶资金 f	信贷资金 g	群众自筹资金 h	其他资金 i
L11 村级道路	X 新建通村沥青（水泥）路	公里		×							
	Y 新建村内道路	公里	2								
L12 农田水利	X 小型水利建设	处		125	250	250					
	Y 基本农田建设及改造	亩		×							
L13 饮水安全	X 新建自来水入户	户									
	Y 新建蓄水池（管）	个									
	Z 新建村级自来水厂	座									
L14 电力保障	X 新增农村电网改造	处		×							
	Y 解决无电户	户		×							
L15 居住改善	X 危房改造	户	71	×	142	142					
	Y 人居环境改善	户									

建设项目		单位	数量 a	受益户数（户）b	总投资（万元）c	财政专项扶贫资金 d	行业部门资金 e	社会帮扶资金 f	信贷资金 g	群众自筹资金 h	其他资金 i
						投资构成（万元）					
L16 特色产业	X 培育特色产业项目	个									
	Y 培育合作社	个	1	5	30					30	
L17 乡村旅游	新扶持农家乐户数	户		X							
L18 卫生计生	参加卫生计生技术培训	人次		X							
L19 文化建设	X 广播电视入户	户		X							
	Y 村文化活动室	个	1	X	3				3		
L110 信息化	X 宽带入户	户		X							
	Y 手机信号覆盖范围	%	100	X	X	X	X	X	X	X	X
L111 易地搬迁	X 易地搬迁（迁出）	户		X							
	Y 易地搬迁（迁入）	户		X							

附录 |

L2 发展干预（2016 年）

建设项目		单位	数量 a	受益户数（户）b	总投资（万元）c	投资构成（万元）					
						财政专项扶贫资金 d	行业部门资金 e	社会帮扶资金 f	信贷资金 g	群众自筹资金 h	其他资金 i
L21 村级道路	X 新建通村沥青（水泥）路	公里	0								
	Y 新建村内道路	公里	10								
L22 农田水利	X 小型水利工程	处	2								
	Y 基本农田建设及改造	亩	0								
L23 饮水安全	X 新建自来水入户	户	100	✕							
	Y 新建蓄水池（管）	个	0								
	Z 新建村级自来水厂	座	0								
L24 电力保障	X 新增农村电网改造	处	0								
	Y 解决无电户	户	0	✕							
L25 居住改善	X 危房改造	户	30	✕							
	Y 人居环境改善	户	30	✕							

建设项目		单位	数量 a	受益户数（户）b	总投资（万元）c	投资构成（万元）					
						财政专项扶贫资金 d	行业部门资金 e	社会帮扶资金 f	信贷资金 g	群众自筹资金 h	其他资金 i
L26 特色产业	X 培育特色产业项目	个	2								
	Y 培育合作社	个	0							60	
L27 乡村旅游	新扶持农家乐户数	户	0	×							
L28 卫生计生	参加卫生计生技术培训	人次	0	×							
L29 文化建设	X 有线电视户	户	0	×							
	Y 新建村文化活动室	个	1	×							
L210 信息化	X 宽带入户	户	2	×							
	Y 手机信号覆盖范围	%	100	×	×	×	×	×	×	3.52	×
L211 易地搬迁	X 易地搬迁（迁出）	户	37	×						×	×
	Y 易地搬迁（迁入）	户	0	×							

村问卷附表（主要问村干部）：M 第一书记和扶贫工作队

M11 本村现在是否派驻有第一书记（①有 ②以前有、现在没有→ M12 ③没有→ M12）	1
M12 第一书记什么时间派驻（年月 /6 位）	201701
M13 第一书记姓名	黄奇
M14 第一书记性别（①男 ②女）	1
M15 第一书记出生年份（四位数年份）	—
M16 第一书记学历（①初中及以下 ②高中或中专 ③大专 ④大学本科 ⑤研究生）	3
M17 第一书记来自（①中央单位 ②省级单位 ③市级单位 ④县级单位 ⑤乡镇 ⑥其它（请注明）	4
M18 第一书记单位属性（①党政机关 ②事业单位 ③企业 ④其它）	2
M19 第一书记最近半年在村工作多少天（含因公出差）（天）	0
M110 第一书记最近半年在村居住多少天（天）	0
M111 第一书记最近半年在乡镇住多少天（天）	0
M112 第一书记作为帮扶责任人联系多少贫困户（户）	0
M113 第一书记到过贫困户家的数量（户）	0
M114 第一书记做了哪些工作（可多选）（①重新识别贫困户 ②诊断致贫原因 ③引进资金 ④引进项目 ⑤帮助贫困户制定脱贫计划 ⑥帮助落实帮扶措施 ⑦参与脱贫考核 ⑧接待、处理群众上访 ⑨其它（注明））	6
M115 2016 年对第一书记考核结果等级（0= 未考核 ①优秀 ②合格（称职）③基本合格（基本称职）④不合格（不称职））	1
M116 村两委对第一书记工作满意程度（①非常满意 ②满意 ③一般 ④不满意 ⑤非常不满意）	1
M21 你村是否派驻有扶贫工作队（①有 ②以前有、现在没有→结束 ③没有→结束）	3
M22 工作队什么时间派驻（年月 /6 位）	—
M23 工作队有几名成员（人）	—
M24 工作队成员来自（可多选）（选项同 M17）	
M25 工作队员最近半年平均在村工作多少天（含因公出差）（天）	
M26 工作队员最近半年在村平均住了多少天（天）	

M27 工作队员最近半年平均在乡镇平均住了多少天（天）	
M28 工作队员作为帮扶责任人共联系多少贫困户（户）	
M29 工作队员到过贫困户家的数量（户）	
M210 工作队员做了哪些工作（可多选）(选项同 M114)	
M211 2016 年对工作队员考核结果不称职（不合格）的人数	
M212 村委会对工作队员工作满意程度（①都满意 ②部分满意 ③一般 ④都不满意）	
M213 工作队长是否是第一书记（①是→结束 ②否）	
M214 工作队长姓名	
M215 工作队长性别（①男 ②女）	
M216 工作队长出生年份(四位数年份)	
M217 工作队长学历（①初中及以下 ②高中或中专 ③大专 ④大学本科 ⑤研究生）	
M218 工作队长来自（①中央单位 ②省级单位 ③市级单位 ④县级单位 ⑤乡镇 ⑥其它（请注明）	
M219 工作队长单位属性（①党政机关 ②事业单位 ③企业 ④其它）	

国民经济行业分类代码表：

1	农、林、牧、渔业	8	住宿和餐饮业	15	居民服务、修理和其他服务业
2	采矿业	9	信息传输、软件和信息技术服务业	16	教育
3	制造业	10	金融业	17	卫生和社会工作
4	电力、热力、燃气及水的生产和供应业	11	房地产业	18	文化、体育和娱乐业
5	建筑业	12	租赁和商务服务业	19	公共管理、社会保障和社会组织
6	批发和零售业	13	科学研究和技术服务业	20	国际组织
7	交通运输、仓储和邮政业	14	水利、环境和公共设施管理业		

制造业二级分类代码表:

1	农副食品加工业	5	纺织业	9	家具制造业
2	食品制造业	6	纺织服装、服饰业	10	造纸和纸制品业
3	酒、饮料和精制茶制造业	7	皮革、毛皮、羽毛及其制品和制鞋业	11	其它制造业:印刷和记录媒介复制、文教、工美、体育和娱乐用品制造、石油加工、化学原料和化学制品制造、医药制造…
4	烟草制品业	8	木材加工和木、竹、藤、棕、草制品业		

民族代码表:

1	汉族	21	佤族	41	塔吉克族
2	蒙古族	22	畲族	42	怒族
3	回族	23	高ft族	43	乌孜别克族
4	藏族	24	拉祜族	44	俄罗斯族
5	维吾尔族	25	水族	45	鄂温克族
6	苗族	26	东乡族	46	崩龙族
7	彝族	27	纳西族	47	保安族
8	壮族	28	景颇族	48	裕固族
9	布依族	29	柯尔克孜族	49	京族
10	朝鲜族	30	土族	50	塔塔尔族
11	满族	31	达斡尔族	51	独龙族
12	侗族	32	仫佬族	52	鄂伦春族
13	瑶族	33	羌族	53	赫哲族
14	白族	34	布朗族	54	门巴族
15	土家族	35	撒拉族	55	珞巴族
16	哈尼族	36	毛难族	56	基诺族
17	哈萨克族	37	仡佬族	97	其他
18	傣族	38	锡伯族	98	外国血统中国籍人士
19	黎族	39	阿昌族		
20	傈僳族	40	普米族		

参考文献

安富海：《"特岗教师"专业发展的问题与对策——基于对贵州威宁县和河北涞源县的调查》，《教育理论与实践》第 10 期，2014。

贝克：《风险社会》，译林出版社，2004。

蔡定剑：《公众参与风险社会的制度建设》，法律出版社，2009。

费孝通：《社会调查的自白：怎样做社会研究》，上海人民出版社，2009。

黄承伟、向德平：《农村灾害风险管理与减贫概论》，武汉：华中师范大学出版社，2013。

黄杏：《威宁自治县石门乡副乡长耿陆芬："为群众做事我开心"》，《贵州日报》，2017。

金莲、李小军：《农村教育政策对农村贫困的影响评估》，《中国农村经济（专刊）》，2007。

李春南、杨欣萌、沈红：《文化扶贫与特困山区跨越式发展》，载中国社会科学院科研局编《中国国情报告》（第三辑），社会科学文献出版社，2017。

李涛：《撤点并校如何在执行中走样——一个西部农业县教

参考文献

育布局调整的 30 年》,《中国青年报》2015。

李迎新:《渭源县代课教师状况调研》,《甘肃日报》,2005。

梁彬:《空心村形成的原因分析及其影响分析》,中国社会科学院研究生院硕士学位论文,2013。

马召凤、蔡婷:《谋发展出路 走产业新路——2016 年石门乡发展致富产业侧记》,《威宁每日新闻》2017。

沈红、王苏粤等:《威宁县国情报告》,中国社会科学院社会发展研究院,2014~2017。

沈红:《扶贫开发的方式与质量》,《开发研究》1993,第2~3 期。

沈红:《结构与主体:激荡的文化社区石门坎》,社会科学文献出版社,2007。

沈红:《穷人主体建构与社区性制度创新》,《社会学研究》2002 年,第 1 期。

沈红:《石门坎文化百年兴衰:中国西南一个山村的现代性经历》,万象出版公司,2006。

沈红:《中国贫困研究的社会学评述》,《社会学研究》2000,第 2 期。

陶鹏:《基于脆弱性视角的灾害管理整合研究》,社会科学文献出版社,2013。

王莎莎、沈红:《寻找代课教师——贵州威宁石门乡代课教师群像扫描》,凤凰网"寻找代课教师"公益栏目网页,2010。

威宁彝族回族苗族自治县民族事务委员会:《威宁彝族回族苗族自治县民族志》,贵州民族出版社,1997。

威宁彝族回族苗族自治县志编纂委员会:《威宁彝族回族苗

族自治县志》，贵州人民出版社，1994。

向思宇:《中国西南乡村教师》，作家出版社，2014。

杨欣萌:《风险与机会:绝地逢生的贫困乡教育》，中国社会科学院研究生院博士学位论文，2017。

叶敬忠等:《参与式发展规划》，社科文献出版社，2005。

张乐:《风险的社会动力机制:基于中国经验的实证研究》，社会科学文献出版社，2012。

数据来源:

国家贫困标准数据来源: 贵州省民宗委网站 http://www.gzmw.gov.cn/。

国家农民纯收入来源: 国家统计局网站 http://www.stats.gov.cn/。

石门乡党政办，2016，《石门乡乡情、村情情况介绍》。

威宁县教育局，2012，《威宁县教育志 1989~2010》。

威宁县统计局，2008~2017，《威宁县统计年鉴》。

威宁县教育局，2014，《威宁县教育系统年度综合报表》。

中国新闻网: http://learning.sohu.com/20100106/n269411375.shtml。

贵州省人民政府，2015，《威宁县石门乡脱贫攻坚总体规划项目明细表》。

后　记

2014 年初入新龙村，课题组多次前往考察这个贫困村在精准扶贫计划下快速发展，我们有幸能够见证并记录这一发展历程。

中国社会科学院社会发展战略研究院与威宁彝族回族苗族自治县人民政府成立国情调研基地，为课题组多次田野调查打下了坚实基础。感谢一如既往支持我们的杨华忠县长、夏波和李海龙两位秘书，感谢县扶贫办、县统计局、县教育局和威宁县苗学会的同志们对课题组的有力支持。

感谢中共石门乡党委、石门乡人民政府历任领导和干部，尤其是杨鼎主席、蔡宇程副主任，他们肩负着繁重的脱贫攻坚任务，一直不忘给予课题组关切和帮助。

感谢热情友好的新龙村民，七年间，课题组与新龙村民建立了深厚的感情。他们愿意一次又一次无比详细地讲述他们的日常生活和奋斗脱贫故事。特别是张国剑老师，一次次陪着课题组"走祖基"、"下飞姑"，风里来、雨里去，在做问卷调查和新龙村人口教育普查时，日均步行山路 14 公里。同样感谢张国柱老师、赵强老师、张礼昆、陈大江、李文金等朋友们，你们在为美好的明天奋斗的同时，也常常反思和回望来路，你们的真知灼见使我们的田野调查工作顺利且收获满满。

最初带领我们翻山越岭进入这个村庄的是张国辉老人，这位石门坎历史的见证者和讲述者，心系这片土地的一草一木。他为乡村教育和公益助学付出无数心血，一生与家乡命运甘苦与共。

谨以此书向张国辉先生和勤劳智慧的新龙村民致敬。

图书在版编目（CIP）数据

精准扶贫精准脱贫百村调研. 新龙村卷：喀斯特生态与发展风险治理 / 杨欣萌，沈红著. -- 北京：社会科学文献出版社，2020.10

ISBN 978-7-5201-7516-6

Ⅰ. ①精… Ⅱ. ①杨… ②沈… Ⅲ. ①农村－扶贫－调查报告－威宁县 Ⅳ. ①F323.8

中国版本图书馆CIP数据核字（2020）第209502号

·精准扶贫精准脱贫百村调研丛书·

精准扶贫精准脱贫百村调研·新龙村卷
——喀斯特生态与发展风险治理

著　　者 / 杨欣萌　沈　红

出 版 人 / 谢寿光
组稿编辑 / 邓泳红
责任编辑 / 陈晴钰

出　　版 / 社会科学文献出版社·皮书出版分社（010）59367127
地址：北京市北三环中路甲29号院华龙大厦　邮编：100029
网址：www.ssap.com.cn
发　　行 / 市场营销中心（010）59367081　59367083
印　　装 / 三河市尚艺印装有限公司

规　　格 / 开　本：787mm×1092mm 1/16
印　张：16.5　字　数：162千字
版　　次 / 2020年10月第1版　2020年10月第1次印刷
书　　号 / ISBN 978-7-5201-7516-6
定　　价 / 59.00元

本书如有印装质量问题，请与读者服务中心（010-59367028）联系